WRITER'S LETTER

몇 번의 베트남 여행 이후 하노이를 처음 만났을 때, 저는 5일 만에 이 도시에 빠져버렸습니다. 비가 추적추적 내리던 겨울밤. 가벼운 주머니 사정에 오토바이 택시를 탄지라 금세 물에 젖은 생쥐 꼴이 되었지만, 도로 위 넘쳐나는 오토바이들의 활기는 가슴을 뛰게 했고, 가잉을 둘러멘 상인들의 모습, 아오자이를 입고 거리를 누비는 사람들은 이곳이 베트남임을 실감하게 했습니다. 입맛에 딱 맞는 베트남 음식들은 배터지게 먹어도 만 원을 채 넘지 않는 매력으로 저를 사로잡았습니다.

다만, 한 가지 작은 불만이 있었다면 그건 하노이 사람들의 무뚝뚝함이었습니다. 더불어 자칭 프로 여행가인 저의 자부심에 금을 가게 한 라오까이 역의 사기꾼, 눈앞에서 보란 듯이 현지인과 다른 가격을 부르는 상인은 하노이 사람들에게 부정적인 생각을 가지게 했습니다. 그러나 시간이 지난 후 하노이 사람들에 대한 저의 편견은 깨졌습니다. 86번 버스에서 우연히 연이 닿은 에볼은 어설픈 한국어로 베트남 화폐를 알려주었고, 뜨끈한 쌀국수까지 사주며 도움이 필요할 땐 언제든 연락하라는 말을 남겼습니다. 나보다 열 살이 어리던 리는 얼굴도 모르는 나에게 놓치면 안 된다는 스팟의 목록을 보내주며 트립풀 하노이를 응원해 주었습니다. 갑작스러운 소나기에 나무 아래에서 비를 피하던 나에게 말없이 우산을 건네주고 간 이름 모를 커플도, 구글맵을 켜고 길을 헤매는 나에게 다가와 손짓 발짓으로 길을 알려주던 골목길 슈퍼 아저씨도. 모두 저에게 환한 미소 한 번 보여주지 않았지만, 진심으로 대해주었습니다. 허울뿐인 미소가 아니라, 진심에서 나오는 행동으로.

저는 하노이에서 베트남의 민낯을 보았습니다. 화려한 볼거리 대신 매 순간이 살아 숨 쉬는 이곳의 삶을 보았고, 진심으로 사람을 대하는 하노이의 손길을 만났습니다. 그리고 그 모습을 <트립풀 하노이>에 담았습니다. 어떤 형태든, 어떤 기억이든 좋습니다. 하노이가 보여주는 베트남의 민낯을 <트립풀 하노이>와 함께 본인의 색깔로 마음에 담길 바랍니다.

박정희

EDITOR'S LETTER

하노이에는 수많은 사람들의 삶이 켜켜이 녹아 있습니다. 그렇기에 어느 하나의 이미지로만은 성의할 수 없는 복잡하고도 다채로운 도시입니다. 때문에 이 책에는 이 도시의 어느 한 면을 강조하기 보다 일상과 여행이 함께 어우러진 도시 그대로의 모습을 담았습니다. 이 책을 통해 당신의 하노이가 넓고 깊어지길 바랍니다.

박혜주

CONTENTS

Issue
No.16
2020

HANOI
하노이

사파 · 닌빈 · 깟바 · 하이퐁

WRITER
작가 박정희

일상을 기록하고 기억하며 버는 족족 떠나기 바빴던 인생. 어느 날 만난 태국이 인생을 송두째 바꿔 놓았다. '떠나고 싶다'로 시작했던 여행이 '살아보고 싶다'로 바뀌는 순간, 꿈이 현실이 되고 여행이 일상이 되었다. 가진 거 쥐뿔 없어도 내 인생 마지막까지 낭만니스트로 남고 싶다.

Tripful = Trip + Full of
트립풀은 '여행'을 의미하는 트립TRIP이란 단어에 '~이 가득한'이란 뜻의 접미사 풀-FUL을 붙여 만든 합성어입니다. 낯선 여행지를 새롭게 알아가고 더 가까이 다가갈 수 있도록 도와주는 여행책입니다.

※ 책에 나오는 지명, 인명은 외래어 표기법을 따르되 베트남어의 발음과 차이가 있을 경우 발음에 가깝게 표기했습니다.

※ 잘못 만들어진 책은 구입한 곳에서 교환해 드립니다.

PREVIEW :
ABOUT HANOI

010 BEHIND HANOI SCENERY
BEHIND : 하노이 풍경

014 DAILY LIFE IN THE STREET
거리에서 찾는 여유

WHERE YOU'RE GOING

018 OLD QUARTER
하노이의 어제와 오늘, 올드쿼터

019 FRENCH QUARTER
유럽의 흔적을 찾아, 프렌치쿼터

020 DONG DA
우리가 몰랐던 하노이, 동다

021 TAY HO
호수를 따라, 서호

EAT UP

024 [THEME] HANOI FOOD
입이 행복한 베트남 북부 음식

026 VIETNAMESE NOODLES
베트남 국수 열전

030 LOCAL RESTAURANTS
하노이의 일상, 로컬 식당

034 THE TASTE OF THE WORLD
하노이에서 만난 세계

038 FINE DINING
소중한 한 끼

040 ROOFTOP
도시의 낭만

042 BRUNCH & DESSERT
달콤한 충전

044 CAFE HOPPING
하노이의 커피 세계

050 NIGHT LIFE
뜨거운 하루의 마무리

SPOTS TO GO TO

054 HISTORICAL TOURS IN VIETNAM
지나온 시간을 따라, 베트남 역사 탐방

056　THE ART OF HANOI
하노이에서 꽃피운 예술

058　LAKES OF HANOI
하노이의 호수들

060　[THEME] HANOI STREET TRAIN
로컬의 일상, 기찻길 마을

062　[THEME] ONEDAY TOUR
하노이 원데이투어

LIFESTYLE & SHOPPING

066　LIFESTYLE SHOP
일상을 엿보다, 라이프스타일 숍

068　CREATIVE SHOP
개성을 찾아, 수공예 숍

070　TRADITIONAL SHOP
본연의 베트남, 전통을 담은 가게

072　SOUVENIR SHOP
하노이에서의 기억, 기념품 숍

073　SHOPPING LIST
하노이 필수 쇼핑 리스트

074　SHOPPING MALL
한 번에 골라보기, 하노이 쇼핑몰

076　[THEME] MASSAGE & NAIL ART
호사로운 시간, 마사지&네일아트

077　[THEME] LOCAL MARKET
시장에 가면

PLACES TO STAY

ATTRACTIVE SUBURBS

084　SAPA
안개 속에 펼쳐지는 동화, 사파

088　NINH BINH
자연의 메아리, 닌빈

090　CÁT BÀ
바다 속 녹음, 깟바

092　HAI PHONG
항구의 낭만, 하이퐁

PLAN YOUR TRIP

094　TRAVELER'S NOTE&CHECK LIST
하노이 여행 전 알아두면 좋을 것들

096　SEASON CALENDER
언제 떠날까?

097　TRANSPORTATION
하노이를 즐겁게 여행하는 또 다른 방법

MAP

099　지도

PREVIEW: ABOUT HANOI

천 년의 역사를 가진 하노이는 쌓아온 세월만큼이나 수많은 얼굴을 지니고 있다.
그렇기에 한 꺼풀, 한 꺼풀 벗겨내는 재미가 있는 도시이다.
곳곳마다 켜켜이 쌓인 이곳만의 매력은 떠나기 전에는 쉬이 가늠하기 어렵다.

PREVIEW

Behind
Hanoi Scenery

Behind : 하노이 풍경

하노이의 저렴하고 맛있는 음식, 천 년의 역사가 담긴 다채로운 볼거리를 즐기기 위해선 그 전에 수많은 인파, 도로 위를 점령한 오토바이와 매캐한 매연을 견뎌야 한다는 말이 있다. 그렇다. 누군가에게 하노이의 첫인상은 썩 좋은 편이 아닐지도 모른다. 그러나 보이는 것이 다가 아니다. 도시 풍경 뒤에 숨어 있는 이야기를 알게 되면 하노이가 새롭게 보일 것이다. 진정한 여행은 그때부터 시작이다.

> 하노이는 빠르면서 느리다.
> 복잡하면서 여유롭다.

#오토바이의 도시
어디를 가나 오토바이가 보인다. 경적 소리까지 더해져
그 존재감이 엄청나다. 베트남 경찰 통계에 따르면 하노이 시민이
소유한 오토바이 수는 무려 520만대. 자동차가 55만대인 것을
비교하면 이들에게 오토바이는 최고의 교통수단이자 삶의 일부이다.

#제1의 재산
하노이에서는 기상천외한 광경을 목격하기
쉽다. 하나의 오토바이에 다섯 명의 온 식구가
앉아 거리를 달리는 모습. 장사꾼들이 수백 개의
상품들을 오토바이에 주렁주렁 매달고 다니는
모습. 정차된 오토바이 위에서 낮잠을 자는
시민의 모습. 이곳 사람들에게 오토바이란
단순한 교통수단에 그치지 않는다. 집 보다
앞서는 '제1의 재산'이고 생업 유지를 위한
중요한 수단이며 일상을 함께하는 친구이다.

#단 하나의 선택지
빠르면 중학생, 늦으면 성인이 된 직후 대부분의
하노이 사람들은 자신만의 오토바이를 갖는다.
대중교통 이용이 일반화된 한국의 학생들과는
사뭇 다른 모습. 이처럼 개인별로 오토바이를
소유하다 보니, 교통 혼란과 대기 오염이라는
문제점을 낳았고, 세계에서 대기오염이 가장
나쁜 도시로 꼽힌다. 그럼에도 오토바이 이용을
손가락질 할 수 없는 이유는 그들에게 다른
선택지가 없기 때문이다.
오랜 시간 하노이는 대중교통 시스템을 구축하
고자 노력하고 있으나 번번히 실패하고 있다.
2011년에 시작돼 2013년에 완공될 예정이었던
하노이 지상철은 계속 연기돼 현재도 앞날을
알 수 없다. 버스 또한 노선이 한정적이고, 좁은
하노이 골목에 들어서지 못한다는 문제를
해결하지 못하고 있다. 더불어 자가용은
시민들에게 진입 장벽이 높다. 자동차 관세가
높아 부유한 계층만이 자가용을 소지할 수 있기
때문이다. 최근 하노이의 환경오염에 관한
인식이 높아지고, 오토바이 사용률을 낮추려는
노력이 여기저기서 일어나고 있지만, 아직까지
오토바이를 대체할만한 무언가가 없다. 어쩔 수
없이 오토바이는 그들의 삶에 깊숙이 자리하고
있다.

#그들만의 질서

하노이를 처음 찾은 이들이 가장 어려워하는 것 중 하나는 길을 건너는 것이다. 신호등은 찾기 어려울뿐더러 있어도 무용지물이고, 달리는 오토바이와 차들은 멈출 생각도 없어 보이기 때문이다. 심지어 시종일관 울리는 경적 소리는 신경을 더욱 곤두서게 만든다. 그러나 자세히 살펴보면 그들만의 질서가 보인다. 일단 발을 떼기 시작하면 오토바이 떼들이 알아서 행인을 피해간다. 그들은 절대 속도를 줄이거나 멈추지 않는다. 달리는 도로에서 그것이 더욱 위험하기 때문이다.

> **거리를 울리는 경적 소리는 위협의 의미 보다는 배려에 가깝다.**

마찬가지로 행인도 자신의 걸음 속도를 갑자기 바꿔서는 안 된다. 또한, 하노이에서는 경적의 의미가 다르다. 한국에서의 경적이 비난과 경고의 음이라면 이곳에서는 자기 표현의 신호다. 지금 오토바이가 가고 있다는 사실을 주변에 있는 사람들에게 알리는 것이다.

그들의 질서가 불편한 것은 단지 우리의 기준으로 바라봐서 일 것이다. 하노이에서는 하노이의 법을 따라보자. 불쾌하던 경적소리도 친절하게 들리고, 무질서하다고 여겼던 거리의 오토바이에게 신뢰가 생길 것이다. 그러다 보면 진정으로 하노이 여행을 즐겼다고 말할 수 있다. 여행의 묘미는 나와 다른 누군가의 삶을 올곧게 바라보고 이해하는 것이기에.

> **오토바이는 하노이 사람들에게 본인과 떨어질 수 없는 분신 같은 존재이다.**

INTERVIEW

PROFILE

J

J 사업가

자기 소개 부탁드립니다.
하노이에 40대 때 와서 10년 정도 살고 있습니다.

하노이에 오면 가장 먼저 오토바이가 보여요.
하노이는 지하철이 없고, 버스도 많이 운행되지 않습니다. 자동차는 지금도 관세가 높아 상류층만이 이용합니다. 또한 도로 확장이 여의치 않고 교통 체계가 잘 잡혀 있지 않아 오토바이가 우선인 시스템이 구축되었습니다.

하노이 사람들에게 오토바이란 어떤 의미인가요?
직장을 가든 쇼핑을 하든 오토바이를 사용하기 때문에 오토바이가 없으면 당장 생활이 안 됩니다. 그렇기에 집 보다 소중한 제1의 재산이라고 생각합니다. 보통 중, 고등학생은 바이크나 자전거를 이용하고 이후 성인이 되면서 개인 오토바이를 가지게 됩니다.

하노이 정부에서는 2030년까지 오토바이 전면 금지를 시행한다고 밝혔어요.
사실 하노이 사람들은 이에 대해 별 동요가 없습니다. 현실에 충실한 사람들입니다. 버스와 지하철이 정착되면 50% 정도는 오토바이를 대신하여 이용할 수도 있다고 생각합니다. 지하철은 베트남 토질 상 공사가 불가능해서 현재 지상철을 건설 중입니다. 그러나 언제 가능할지는 모르겠습니다.

하노이에서 암묵적인 룰이 있다면 무엇이 있을까요?
어떤 교통 수단 보다 오토바이가 우선이라는 인식이 있습니다. 그 정도로 오토바이를 이용하는 사람들이 질서를 잘 지키지 않습니다. 그러나 오토바이들은 계속해서 클락션을 통해 자신의 존재감을 나타내고 그리 빨리 다니지도 않습니다.

PREVIEW

Daily Life
In The Street

거리에서 찾는 여유

수많은 인파가 지나가는 거리 한 가운데 버젓이 자리 잡은 작은 플라스틱 의자들. 생소한 모습에 놀라기도 잠시, 하노이 사람들은 아무렇지 않게 의자에 자리를 잡고 커피를 마신다. 행인들을 신경 쓰지도, 다소 작은 의자에 불편해 하지도 않고 자신만의 시간을 갖는다. 이는 술자리까지 이어진다. 길거리에 틈 없이 다닥다닥 붙어 앉은 사람들은 맥주 한 잔에 그날의 고단함을 풀어내며 하루를 마감한다. 그들은 거리에서 여유를 찾는다.

> 하노이 사람들은 복잡한 도심 한 가운데에서도 자신만의 템포를 지키며 살아간다.

#무언가를 마신다는 것

세계에서 두 번째로 커피 원두를 많이 재배하는 나라, 베트남. 프랑스 식민 시대 시작된 커피 문화는 오랜 시간을 거쳐 현지화되며 베트남 특유의 문화로 자리 잡았다. 이들에게 커피를 마신다는 것은 누군가와 함께 시간을 가진다는 것을 의미한다. 그렇기에 이들은 테이크 아웃을 하지 않는다. 물론 음주도 마찬가지다. 그들은 꼭 밤에만 술을 마셔야 한다는 생각을 가지고 있지 않다. 함께 대화를 나누고픈 이가 있다면, 점심이든 새벽 2~3시든 시간과 상관없이 술을 마신다.

#스스로 찾는 여유

하노이 사람들은 복잡하고 시끄러운 길 한복판에 앉아 소중한 이와 함께 한가로운 시간을 보낸다. 하노이의 공간은 대부분 입구가 좁고 세로로 길쭉해 공간 활용이 다소 어렵고, 에어컨 시설이 설치가 안 되어 덥기 때문이다. 하노이 사람들이 활동적이라 야외가 더욱 익숙하기 때문이라는 이야기도 있다. 다양한 이유로 하노이 사람들은 거리에 나섰다. 이들을 위해 가게들은 거리에 쉽게 설치했다가 정리할 수 있도록 플라스틱 의자를 놓았다. 불편할 만도 한데, 거리에 자리한 이들의 표정은 평온하기만 하다. 결국 이들은 여유로운 일상은 자신이 만들어가는 것임을 보여준다. 이곳에서만큼은 그들의 태도를 본받아 분주함을 내려놓고 여유로 가득한 그들의 일상 속에 스며들어 보자.

> 하노이 사람들은 여유가 있습니다. 사회 전반적으로 바쁜 일상을 살지 않아요.

INTERVIEW

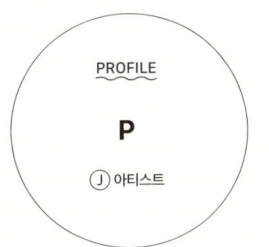

PROFILE

P

J 아티스트

자기 소개 부탁드립니다.
하노이에서 아티스트로 활동하고 있습니다. 이 도시에 거주한 지는 6년 정도 되었습니다.

하노이에서는 거리에서 플라스틱 의자에 앉아 커피를 마시는 모습이 흔합니다.
날씨가 덥고 사람들의 성향이 활동적이어서 바깥 생활에 더욱 익숙합니다. 실내의 에어컨 문제 등으로 인해서도 노상 문화가 발달되어 있습니다.

하노이 사람들이 커피를 향유하는 방식이 한국과는 조금 다른 것 같아요.
하노이 사람들은 커피가 건강과 미용에 도움이 된다고 믿어요. 또한 고단하고 치열했던 그들 하루의 시작과 끝, 혹은 사이사이의 피로와 무료함을 달래주는 원동력이라고 이야기합니다.

커피뿐만 아니라 음주도 즐기는 것 같습니다.
이들은 낮이나 밤이나 상관없이 언제든지 술을 마십니다. 점심 시간에도 직장 동료와 함께 음주를 즐깁니다. 늦게까지 친구들과 술을 마시는 것이 이들의 문화입니다. 올드쿼터에 있는 맥주거리 또한 늦게까지 여는 술집들이 생기고 사람들이 모이자 더욱 활성화된 것 같아요. 관광지와 가까워 관광객들도 많이 찾게 되고요. 지금은 현지 사람들이 특별히 자주 찾는 곳은 아니긴 하지만요.

WHERE YOU'RE GOING

하노이 여행 일정 짜기

1,000년의 역사를 자랑하는 베트남의 수도이자 다채로운 문화가 살아 숨쉬는 도시 하노이. 이곳에서의 하루하루를 알차게 보내기 위해서는 미리 일정을 계획해야 한다.
개성 있는 하노이의 지역들을 살펴보고 나만의 취향으로 여행을 채워보자.

DONG DA
동다

빈민, 킴마, 풍화, 동다 지역 등을 묶어 동다 지역으로 지정했다. 여행자들로 가득한 다른 지역에 비해 여행자들의 발길이 잦지 않은 로컬 지역이다. 베트남식을 그대로 유지하고 있는 카페들을 다수 만나볼 수 있으나 숙박 시설은 많지 않다. 하노이를 찾는 여행자들에게 익숙한 지역을 벗어나 보고 싶다면 추천하지만 대형 쇼핑몰을 제외하고는 관광지가 없다는 점을 고려할 것.

TAY HO
서호

하노이 서쪽의 호수를 중심으로 한 지역. 외국인들이 다수 거주하는 지역으로 다른 지역에 비해 물가가 높고 깔끔하고 잘 정비된 식당이나 카페를 쉽게 찾을 수 있다. 호찌민과 관련된 장소들이 많아 하노이의 역사에 관심이 많은 이들이 찾는 편이다. 무엇보다 오후에 방문해 서호에서 노을을 바라보고 돌아오는 일정을 추천한다.

OLD QUARTER
올드쿼터

하노이 여행의 시작과 끝이며 중심지. 호안끼엠 호수 위쪽을 지칭하는 이곳은 여행자들을 위한 숙박 시설과 수많은 식당과 카페가 밀집한 지역이다. 100년이 훌쩍 넘는 건물들도 쉽게 만나볼 수 있으며, 성요셉 성당, 맥주거리 등 하노이를 상징하는 관광지가 자리 잡은 곳이다. 숙소 또한 이곳에 밀집해 있어 여행자들은 일정의 대부분을 이곳에서 보낸다.

FRENCH QUARTER
프렌치쿼터

호안끼엠 호수의 아래쪽 지역을 지칭하며 프랑스 식민시절부터 지어진 건물이 그대로 남아 있다. 고급 호텔이 다수 밀집해 있고, 관광지가 몰려 있는 올드쿼터와 멀지 않기 때문에 비교적 덜 혼잡하여 복잡한 곳을 선호하지 않는 여행자들이 거점을 잡기 좋은 곳이다.

(지도 라벨: 전꾸옥사원, 탕롱황성, 동쑤언 시장, 성요셉성당, 호안끼엠 호수, Tay Ho, Old Quarter, French Quarter)

WHERE YOU'RE GOING

A

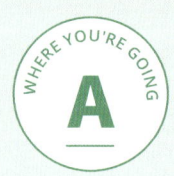

OLD QUARTER

하노이의 어제와 오늘, 올드쿼터

좁은 골목으로 이어진 올드쿼터. 1,000년 역사를 가진 하노이의 중심지로 자유롭고 생동감 있는 하노이를 생생하게 느낄 수 있는 있다. 하노이 여행은 이곳에서 시작해 이곳에서 끝난다. 맛집, 카페, 관광지 등 이 지역의 명소들을 모두 둘러보려면 몇 날 며칠도 부족하지만, 우선 하루 동안 올드쿼터의 손꼽히는 장소들을 둘러보면 하노이를 느꼈다고 말할 수 있다.

One Day

SPOT INFOMATION

Spots to go to

a. 성요셉성당
b. 호안끼엠 호수(응옥썬 사당) p.058
c. 탕롱 수상 인형 극장
d. 36거리

Restaurant

e. 퍼 지아 쭈웬 p. 026
f. 피자 포 피스 p.034
g. 분보남보 p.028
h. 분짜닥킴 p.029
i. 반미P p.031
j. 라이스 비스트로 p.032
k. 카페 드 파리스 p.039

Cafe & Desert

l. 라 플레이스 카페 p.042
m. 카페 놀라 p.045
n. 지앙 카페 p.047
o. 세레인 라운지 앤 바 p.041

Lifestyle & Shop

p. 맥주거리 p.050
q. 동쑤언시장 p.077
r. 짠 꼰 꽁 빈티지 스토어

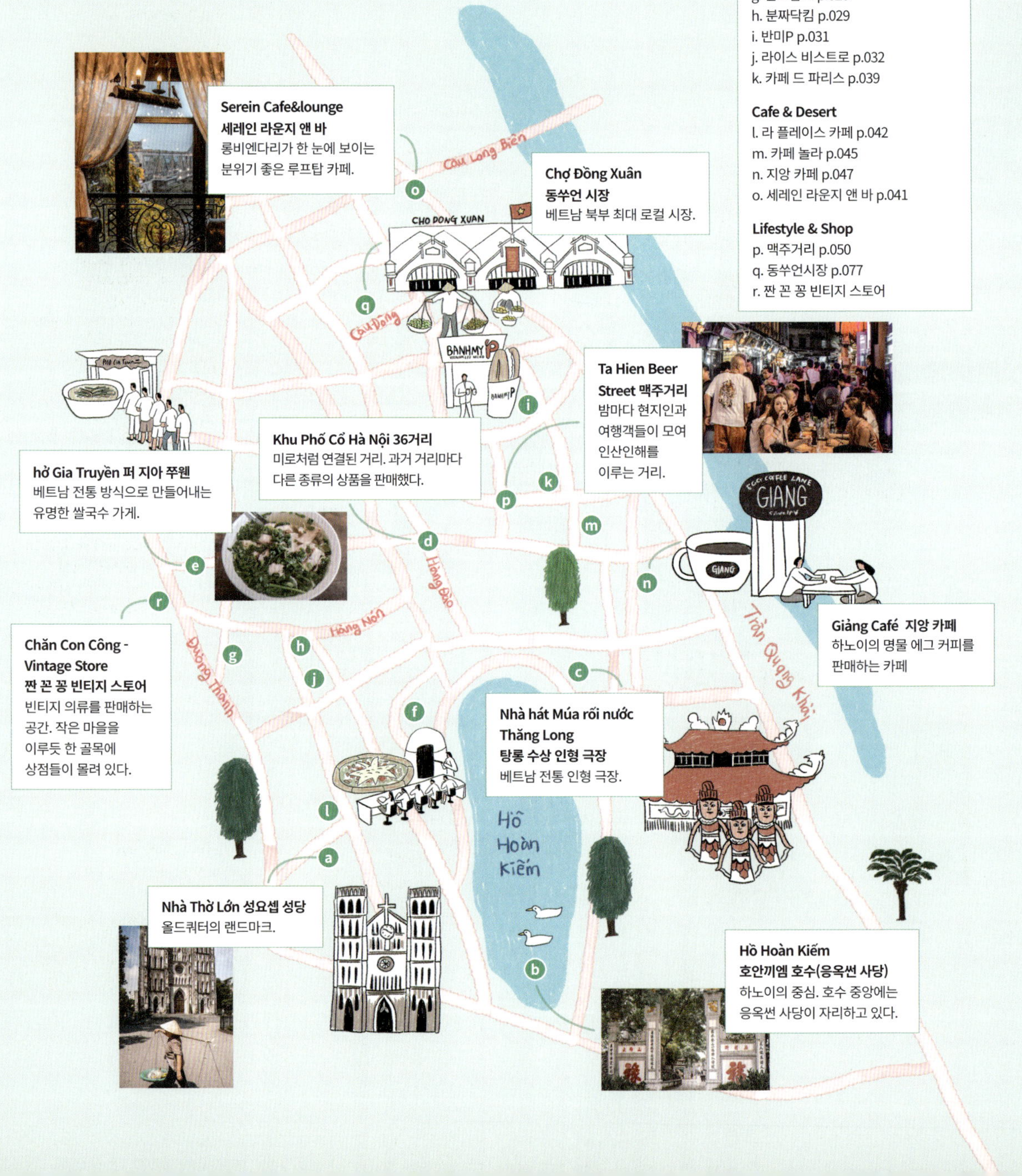

Serein Cafe&lounge
세레인 라운지 앤 바
롱비엔다리가 한 눈에 보이는 분위기 좋은 루프탑 카페.
Cầu Long Biên
Chợ Đồng Xuân
동쑤언 시장
베트남 북부 최대 로컬 시장.
CHO DONG XUAN
Cầu Đông
BANHMY P
Ta Hien Beer Street 맥주거리
밤마다 현지인과 여행객들이 모여 인산인해를 이루는 거리.
Khu Phố Cổ Hà Nội 36거리
미로처럼 연결된 거리. 과거 거리마다 다른 종류의 상품을 판매했다.
hở Gia Truyền 퍼 지아 쭈웬
베트남 전통 방식으로 만들어내는 유명한 쌀국수 가게.
GIANG
Hàng Đào
Hàng Nón
Chăn Con Công - Vintage Store
짠 꼰 꽁 빈티지 스토어
빈티지 의류를 판매하는 공간. 작은 마을을 이루듯 한 골목에 상점들이 몰려 있다.
Đường Thành
Trần Quang Khải
Giảng Café 지앙 카페
하노이의 명물 에그 커피를 판매하는 카페
Nhà hát Múa rối nước Thăng Long
탕롱 수상 인형 극장
베트남 전통 인형 극장.
Hồ Hoàn Kiếm
Nhà Thờ Lớn 성요셉 성당
올드쿼터의 랜드마크.
Hồ Hoàn Kiếm
호안끼엠 호수(응옥썬 사당)
하노이의 중심. 호수 중앙에는 응옥썬 사당이 자리하고 있다.

FRENCH QUARTER

유럽의 흔적을 찾아, 프렌치쿼터

호안끼엠 호수의 남부 지역. 과거 프랑스 식민 지배의 영향으로 동서양의 문화가 얽히고
설킨 곳. 두 문화가 섞인 만큼 볼거리도 먹거리도 다채롭다. 보통 프렌치쿼터는 인접해 있는 올드쿼터에서
시간을 보낸 후 반나절 정도 둘러보면 충분하다.

Half Day

SPOT INFOMATION

Spots to go to
a. 하노이 오페라 극장 p.056
b. 베트남 여성 박물관
c. 하노이 서점 거리

Restaurant
d. 분짜 흐리엔 p.028
e. 라 버티칼
f. 콴 퍼 틴 p.027
g. 꽌앙응온 레스토랑 p.030
h. 빈민 재즈 클럽 p.051

Cafe & Desert
i. 메종마루 p.043
j. 마담 흐엉
k. 우이 짜 뜨라 p.053

Lifestyle & Shop
l. 짱띠엔 플라자 p.074

書店街 하노이 서점 거리
약 150m 거리에 10여 개의 작은 서점들이 들어서 있는 거리

Trang Tien Plaza 짱띠엔 플라자
고급스러움이 넘치는 짱띠엔 거리 중심에 자리한 메인 쇼핑센터.

Bảo tàng Phụ nữ 베트남 여성 박물관
모계 사회인 베트남의 모습을 보여주는 박물관

Nhà hát lớn Hà Nội 하노이 오페라 하우스
프랑스 식민 시절 바로크 양식으로 지어진 오페라 극장.

Maison Marou Hanoi 메종 마루 하노이
베트남에서 생산한 카카오로 만드는 공정무역 초콜릿 전문점.

Madame Huong 마담 흐엉
수많은 종류의 빵을 판매하는 큰 규모의 베이커리.

Binh Minh Jazz Club 빈민 재즈 클럽
음식과 함께 재즈 음악을 라이브로 들을 수 있는 재즈 클럽.

La Verticale 라 버티칼
합리적인 가격으로 프랑스 요리를 즐길 수 있는 레스토랑

Bún chả Hương Liên 분짜 흥리엔
오바마 전 미 대통령이 방문해 유명해진 분짜 전문점.

Úi Chà Trà 우이 짜 뜨라
도심 속 식물이 가득한 공간에서 차를 마시는 찻집.

WHERE YOU'RE GOING

DONG DA

우리가 몰랐던 하노이, 동다

지도 어플을 켜고 길을 찾는 여행자들보다 바쁜 일상을 살아가는 하노이 사람들이 더욱 눈에 띄는 곳. 오래되면 오래된 채로, 낡으면 낡은 채로 멋을 살린 동네. 동다에는 여행자들은 쉽게 발견할 수 없는 하노이의 일상이 그대로 스며들어 있다. 다만 관광지로서의 요소는 다른 지역에 비해 없고, 도보로 다니기엔 불편한 편. 로컬 카페나 대형 쇼핑몰을 가기 원하는 사람이 반나절 정도 시간을 내어 가기 좋은 지역이다.

Half Day

SPOT INFOMATION

Spots to go to
a. 동다 호수 p.058
b. 사단 호수 p.058

Restaurant
c. 루엉 손 콴 레스토랑
d. 분짜 응옥 칸

Cafe & Desert
e. 캉틴 109 카페 p.052
f. 콩카페 p.058
g. 쿠사카페
h. 트릴 루프탑 카페 p.041

Lifestyle & shop
i. KHU X.98 큐엑스 98
j. 하노이 식스티 p.056
k. 빈콤 메가 몰 로얄 시티 p.074
l. 빅씨 탕롱 p.075

Bún Chả Ngọc Khánh
분짜 응옥 칸
요리연구가 백종원이 다녀가 유명해진 분짜 전문점.

KHU X.98 큐엑스 98
레스토랑, 카페, 타투 숍, 펍, 디자인 의류, 미용실 등이 모인 복합 공간

Hà Nội 60s
하노이 식스티 스퀘어
프랑스 식민시절 프랑스인들이 거주했던 주택을 그대로 살려 만든 복합 문화공간.

Luong Son Quan Restaurant
루엉 손 콴 레스토랑
이색적인 식재료로 만든 메뉴를 판매하는 음식점

Cong Coffee 콩카페
동다 호수를 바라보며 카페 쓰어다를 마실 수 있는 유명 카페 전문점

BigC Thang Long
빅씨 탕롱
태국 대형 마트 브랜드 빅씨의 탕롱 지점으로 다양한 브랜드가 입점해 있다.

Cư Xá cà phê 쿠사 카페
70년대 스타일로 꾸며진 카페.

Trill Rooftop Cafe
트릴 루프탑 카페
36층 건물 꼭대기에 자리한 루프탑 카페

Half Day

SPOT INFOMATION

Spots to go to
a. 쩐꾸옥 사원
b. 호찌민 묘 & 호찌민 박물관 p.055
c. 못꼿 사원(일주사)
d. 문묘
e. 탕롱황성
f. 하노이 미술관 p.057

Restaurant
g. 살모노이드 p.037
h. 찹스 떠이호 p.034
i. Summit lounge p.040

Cafe & Desert
j. 블럭하우스카페 p.049
k. 만지 p.046
l. 렝렝 카페 p.047

Lifestyle & shop
m. 롯데센터 하노이 p.075

TAY HO

호수를 따라, 서호

화려한 호텔 및 쇼핑센터부터 1,000년의 세월을 가진 유적지까지 공존하는 지역. 호찌민과 관련된 공간들 이외의 명소들은 거대한 호수 서호의 강변을 따라 자리해 있어 도보로 이동이 불편한 편이다. 때문에 찾아가고 싶은 장소를 골라 반나절 정도의 시간을 가지고 서호 지역에 오는 경우가 많다.

Block house café
블럭하우스 카페
두루 모여 돗자리에 앉아 서호의 노을을 바라볼 수 있는 카페.

Chops Tay Ho
찹스 떠이호
하노이 유명 수제 버거 전문점.

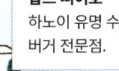

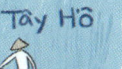

Summit lounge
서밋 라운지
서호를 배경으로 노을을 바라보기 좋은 루프톱 바.

Chùa Trấn Quốc
쩐꾸옥 사원
하노이에서 가장 오래된 사원.

Manzi 만지
복합 예술 공간이자 갤러리 카페.

Điện Kính Thiên 탕롱 황성
1010년 리 왕조가 하노이로 수도를 이전하면서부터 지어진 역대 왕들의 왕궁.

Lotte Center Hanoi
롯데 센터 하노이
하노이에서 가장 높은 건물. 탑 오브 하노이라는 루프톱 카페도 자리해 있다.

Chùa Một Cột
못꼿 사원 (일주사)
베트남 국보 1호.

Văn Miếu - Quốc Tử Giám 文廟-國子監 문묘
1070년 공자의 학덕을 기리기 위해 세워진 사원.

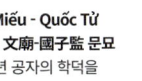

EAT UP

명불허전 미식의 도시, 하노이! 뜨끈한 쌀국수부터 분짜, 반미까지.
종류도 맛도 다양하다. 이곳의 음식을 모두 맛보려면 삼시 세끼가 모자를 정도!

[THEME]

HANOI FOOD : 입이 행복한 베트남 북부 음식

01
VIETNAMESE NOODLES : 베트남 국수 열전

02
LOCAL RESTAURANTS : 하노이의 일상, 로컬 식당

03
THE TASTE OF THE WORLD : 하노이에서 만난 세계

04
FINE DINING : 소중한 한 끼

05
ROOFTOP : 도시의 낭만

06
BRUNCH & DESSERT : 달콤한 충전

07
CAFE HOPPING : 하노이의 커피 세계

08
NIGHT LIFE : 뜨거운 하루의 마무리

HANOI FOOD

입이 행복한 베트남 북부 음식

거하게 술을 마신 다음 날, 해장 메뉴로 쌀국수가 떠오를 만큼 어느덧 베트남 음식은 한국인에게 친숙해졌다. 그러나 우리가 아는 것이 다가 아니다. 위아래로 긴 지형의 베트남은 북부, 중부, 남부 음식이 조금씩 다르다. 하노이에서 만날 수 있는 베트남 북부 음식을 소개한다. 한국 길거리에서도 흔히 볼 수 있는 익숙한 음식부터 맛을 가늠할 수 없는 이색적인 음식까지. 아는 만큼 보인다. 아니, 아는 만큼 먹는다.

Bún 분
분은 쌀국수의 면을 뜻하는 말로, 베트남의 기본 식재료다. 새콤달콤한 느억맘 소스와 구운 숯불 고기를 곁들여 먹는 분짜(Bún Chả)가 가장 대표적인 분 요리. 잘 볶은 소고기와 채소를 넣어 비벼 먹는 분보남보도 한국인의 입맛에 잘 맞는다.

phở 퍼
가장 대표적인 베트남 음식으로 국물이 있는 쌀국수를 뜻한다. 육수와 고명에 따라 크게 두 종류로 나뉘는데, 소고기로 만든 퍼보(phở bò)와 닭고기로 만든 퍼가(phở gà)가 대표적이다.

Bánh xèo 반쎄오
쌀가루 반죽에 다양한 채소, 해산물 등 속 재료를 넣고 반달 모양으로 접어내 바삭하게 부쳐낸 음식이다. 물에 따로 적시지 않은 라이스페이퍼에 생채소와 함께 싸 먹는다. 베트남 중부의 대표적인 음식으로 알려져 있다.

bánh cuốn 반꾸온

즉석에서 바로 쪄 낸 얇은 라이스페이퍼에 채소나 버섯 다진 것을 넣어 말아서 만드는 음식으로 베트남 사람들은 식사 대용으로 즐겨 먹는다. 느억맘 소스에 찍어 먹으면 부드럽고 맛있다.

Bò bía 보비아

라이스페이퍼나 전병에 코코넛, 사탕수수와 검은깨를 넣고 둘둘 말아 먹는 달콤한 베트남 전통 간식으로 매우 달다. 하노이에서는 자전거에 철 가방을 단 채 보비아를 파는 상인들을 길거리에서 쉽게 볼 수 있다.

bánh mì 반미

프랑스의 식민 지배를 받았던 영향으로 베트남 사람들은 바게트를 식사 대용이나 간식으로 즐겨 먹는다. 베트남 바게트는 프랑스의 전통 바게트와는 달리 쌀가루를 혼합해 겉은 아주 바삭바삭하고 속은 촉촉한 것이 특징이다. 이 바게트를 반으로 갈라 새콤하게 절인 무나 당근, 오이, 고수 등의 채소를 넣고 돼지고기, 햄, 달걀 등을 넣어 속을 채운 베트남식 샌드위치가 반미이다.

Cơm 껌

베트남어로 '껌'은 '밥'을 뜻한다. 흰 쌀밥은 껌 짱(Cơm trắng), 우리의 백반처럼 밥과 반찬을 곁들여 먹는 식사는 껌 판(Cơm Phan)이라고 부른다. 볶음밥은 껌 찌엔(Cơm chiên), 닭고기 덮밥인 껌 가(Cơm gà), 잘 구운 갈비를 올린 덮밥 껌 스언 느엉(Cơm Sườn nướng)이라 한다.

Nem 넴

스프링롤로 익숙한 넴은 베트남 지역에 따라 불리는 명칭이 다르다. 하노이를 포함한 북부지방에서는 넴(Nem), 중부에서는 람(Ram), 남부에서는 짜조(Chảgiò)로 칭한다. 라이스페이퍼에 고기, 해산물, 버섯이나 채소 등을 넣고 말아 튀겨낸다.

Coconut Coffee 코코넛 커피

베트남의 대표 카페인 콩카페의 대표 메뉴로 한국인들에게 큰 사랑을 받는 코코넛 커피. 달콤한 코코넛 얼음에 진한 베트남 커피를 넣어 달콤한 맛이 일품이다. 하노이의 습한 날씨에 지친 순간 가장 먼저 떠오를 소울 메뉴.

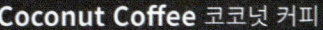

Chè & Sinh tố 신또 & 째

베트남 전통 디저트인 째 는 녹두, 콩과 같은 곡식에 코코넛, 젤리, 연유나 시럽 등을 넣고 얼음을 넣어 시원하게 먹는 음식이다. 신또 는 각종 과일에 시원한 얼음이 곁들여 나오는 음식으로 상큼한 디저트이다. 둘은 비슷하지만 째는 코코넛밀크와 같은 음료를 넣어 숟가락으로 떠먹는 것이 특징이고, 신또는 화채와 빙수의 중간 정도로 생각하면 된다.

VIETNAMESE NOODLES : 베트남 국수 열전

Vietnamese Noodles :
베트남 국수 열전

EAT UP 1

분짜, 퍼를 비롯해, 베트남에는 수많은 면 요리가 있다. 다양한 종류만큼 매력도 다양한 하노이의 음식점들. 취향 따라 찾아가보자!

Bún Chả Ngọc Khánh 분짜 응옥 콴

OLD QUARTER

1 Phở Gia Truyền
퍼 지아 쭈웬

요식업계의 대가 백종원 씨가 방문해 극찬을 아끼지 않아 유명해진 곳. 전통 방식으로 3대째 퍼 보를 만들어내는 이곳은 진하게 우려낸 국물과 푸짐한 고기 고명으로, 여행객들뿐만 아니라 현지인 사이에서도 대표적인 퍼 보 맛집으로 통한다.

INFO
- Ⓐ 49 Bát Đàn, Cửa Đông Ⓣ 024-6683-3535
- Ⓗ 06:00~10:00, 18:00~20:30, 연중무휴 Ⓟ 퍼 보 따이 5만 동
- Ⓖ 21.033596, 105.846615 Ⓜ Map → 3-A-3

OLD QUARTER

2 Pho 10 Ly Quoc Su
퍼 텐 리 궠 수

퍼 지아 쭈웬과 더불어 올드쿼터에서 빠질 수 없는 퍼 보 대표 맛집. 맑고 개운한 맛의 깔끔한 국물이 특징. 성요셉 성당 근처에 있고 큼직한 주황색 간판이 눈에 확 띄어 찾아가기 쉽다. 최근 호안끼엠 호수 주변에 2호점이 문을 열었다.

INFO
- Ⓐ 10 Lý Quốc Sư, Hàng Trống Ⓣ 0124-722-5586 Ⓗ 06:00~22:00, 연중무휴
- Ⓟ 퍼 보 따이 5만 동 Ⓖ 21.030470, 105.848791 Ⓜ Map → 3-B-3

(FRENCH QUARTER)

Quán Phở Thìn
꽌 퍼 틴

┌ INFO ─────────────────────────────────┐
Ⓐ 13 Lò Đúc, Phạm Đình Hồ, Hai Bà Trưng   Ⓣ 0162-769-7056
Ⓗ 05:00~21:00, 연중무휴   Ⓟ 퍼 보 5만 동   Ⓖ 21.018146, 105.855278
Ⓜ Map → 4-C-3
└───────────────────────────────────────┘

다른 퍼 보 맛집과 비교해 현지인의 수가 훨씬 많은 집이다. 깊고 진한 국물이 특징이다. 올드쿼터 중심에서 조금 떨어져 있지만, 점심시간이면 뜨끈한 쌀국수를 먹기 위한 인근 직장인들의 발길이 끊이지 않는다. 면발이 쫄깃하기 보다는 부드러운 식감으로 끊어지기 쉽다.

(OLD QUARTER)

Phở Xào Phú Mỹ
퍼 싸오 푸 미

늘 손님으로 북적대는 퍼 지아 쭈웬 옆집으로 저녁에만 판매하는 볶음 국수인 퍼 싸오를 찾는 손님으로 인산인해를 이룬다. 찐 퍼를 한 번 볶아 뭉근하게 퍼진 면발에 고기, 아삭한 청경채를 곁들여 먹는다. 소스 맛이 조금 심심한 편.

┌ INFO ─────────────────────────────────┐
Ⓐ 45 Bát Đàn, Cửa Đông, Hoàn Kiếm   Ⓣ 024-3828-6574
Ⓗ 06:00~22:00 (퍼 싸오는 18시 이후로 판매), 연중무휴   Ⓟ 퍼 싸오 (볶음 국수) 6만 5,000동   Ⓖ 21.033648, 105.846671   Ⓜ Map → 3-A-2
└───────────────────────────────────────┘

(OLD QUARTER)

Nhà Hàng Miến Lươn
나향 미엔르언

'미엔'은 베트남어로 당면을 뜻한다. 장어를 푹 고와 낸 국물에 쌀국수가 아닌 당면을 넣어 만드는 국수가 주 메뉴이다. 입천장이 까질 정도로 바삭하게 튀겨낸 장어가 고명으로 올려 나온다. 약간 심심한 갈비탕에 당면을 넣어 먹는 맛이다.

┌ INFO ─────────────────────────────────┐
Ⓐ 87 Hàng Điếu, Cửa Đông   Ⓣ 024-3826-7943
Ⓗ 07:00~23:00, 연중무휴   Ⓟ 미엔르언 (장어 국수) 3만 5,000동
Ⓖ 21.031970, 105.846791   Ⓜ Map → 3-A-3
└───────────────────────────────────────┘

VIETNAMESE NOODLES : 베트남 국수 열전

OLD QUARTER

Bun bo nam bo
6 분보남보

베트남 남부의 대표 메뉴인 비빔 쌀국수 전문점. 주문 즉시 잘 양념해 볶은 소고기와 신선한 채소를 얹은 비빔 쌀국수가 나온다. 달콤 짭짤한 소스에 상큼한 박하 잎, 튀긴 샬럿과 곁들여 나오는 견과류까지 함께 어우러져 독특한 맛을 낸다.

INFO
Ⓐ 67 Hàng Điếu, Cửa Đông Hoàn Kiếm Ⓣ 096-696-01-76
Ⓗ 07:30~22:30, 연중무휴 Ⓟ 분보남보 6만 동
Ⓖ 21.032216, 105.846952 Map → 3-A-3

OLD QUARTER

Bún ngan Nhàn
7 분 응안 냔

뼈가 으스러지도록 푹 끓인 오리 국물에 현란한 가위질로 발라낸 오리고기를 듬뿍 올린 쌀국수. 낮에만 반짝 장사하는데, 기본 10분 이상은 늘 기다려야 하는 현지인 맛집이다. 닭백숙의 맛과 비슷하지만 미묘하게 살짝 다르다. 내부 좌석은 주인이 다르기에 이용하려면 음료를 따로 주문해야 한다.

INFO
Ⓐ 10 Ngõ Trung Yên, Hàng Bạc, Ⓗ 10:30~14:00, 연중무휴
Ⓟ 분 응안 (오리 국수) 4만 동 Ⓖ 21.033491, 105.852376
Map → 3-B-3

FRENCH QUARTER

Bún chả Hương Liên
8 분짜 흥리엔

'분짜 흥리엔'이라는 이름 보다 '오바마 분짜'로 알려진 가게이다. 2016년 5월, 오바마 전 미 대통령이 하노이에 방문했을 당시 들러 식사를 한 집으로 유명하다. 이후 분짜와 넴, 시원한 하노이 비어로 구성된 '오바마 세트'까지 메뉴로 출시되었다.

INFO
Ⓐ 24 Lê Văn Hưu, Phạm Đình Hồ, Hai Bà Trưng
Ⓣ 024-3943-4106 Ⓗ 08:00~20:00, 연중무휴 Ⓟ 오바마 세트 8만 5,000동 Ⓖ 21.018066, 105.853873 Map → 4-B-3

> DONG DA

Bún Chả Ngọc Khánh
9 분짜 응옥 칸

백종원 씨가 다녀가서 우리나라 사람들에게 더욱 유명해진 분짜 전문점. 숯불에 직접 구운 양념 고기와 완자가 달콤 짭짤한 국물에 퐁당 담겨 나온다. 다른 가게에 비해 자극적이지 않고 순한 맛의 느억맘 소스가 특징이다. 점심 때가 조금 지나면 영업이 끝나니 일찍 방문할 것.

INFO
- Ⓐ Ngõ 37, Ngọc Khánh Ⓣ 043-831-8010 Ⓗ 08:00~14:30, 연중무휴
- Ⓟ 분짜 3만 5,000동 Ⓖ 21.026874, 105.812452 Ⓜ Map → 6-A-2

> TAY HO

Bún chả 34 Hàng Than
10 분짜 34 항탄

하노이에서 먹어 본 분짜 전문점 중에 고기와 완자 인심이 가장 후하다. 관광객들이 주를 이루는 분짜집들과는 달리 가볍게 한 끼 식사를 하러 온 현지인 손님이 훨씬 많다. 분짜만 판매하므로 손가락으로 개수만 주문하면 된다. 느억맘 소스에 담긴 풍성한 고기 덕에 든든하게 한 끼를 해결할 수 있다.

INFO
- Ⓐ 34 Hàng Than, Nguyễn Trung Trực Ⓣ 094-836-19-17
- Ⓗ 08:30~17:00, 연중무휴 Ⓟ 분짜 3만 5,000동
- Ⓖ 21.041326, 105.847309 Ⓜ Map → 5-C-3

> OLD QUARTER

Bún Chả Đắc Kim
11 분짜닥킴

분짜가 대표 메뉴이며, 새콤달콤한 맛으로 입맛을 돋우는 느억맘 소스에 숯불 향을 가득 머금은 고기를 듬뿍 맛볼 수 있다. 고기는 마치 한국의 돼지갈비와 비슷하다.

INFO
- Ⓐ 1 Hàng Mành, Hàng Gai Ⓣ 04-3828-7060 Ⓗ 10:00~21:00, 연중무휴
- Ⓟ 콤보 (분짜, 넴 세트) 9만 동 Ⓖ 21.032355, 105.848144 Ⓜ Map → 3-B-3

> OLD QUARTER

Mỳ Vằn Thắn Đinh Liệt
12 미 반 탄 딘 리엗

베트남 정통 음식 보다는 중국식에 가까운 국숫집이다. 시원하게 끓인 고깃국에 얇게 빚어낸 완탕, 얇게 저며 낸 고기와 쫄깃한 면발의 만남이 훌륭하다. 향긋한 부추까지 올려 남녀노소 두루 즐길 수 있다.

INFO
- Ⓐ 9 Đinh Liệt, Hàng Đào Ⓗ 09:00~22:00, 연중무휴 Ⓟ 완탕 국수 4만 동
- Ⓖ 21.032641, 105.851942 Ⓜ Map → 3-B-3

LOCAL RESTAURANTS : 하노이의 일상, 로컬 식당

Local Restaurants :
하노이의 일상, 로컬 식당

로컬을 이해하기 위한 가장 좋은 방법은 로컬 사람들과 일상을 함께하는 것이다. 하노이 사람들이 일상 속에서 즐기는 음식을 마주해 보자. 맛은 물론, 그들의 문화까지 온전히 경험할 수 있다.

반쎄오 6만 동

FRENCH QUARTER

1 Quán Ăn Ngon Restaurant
꽌안응온 레스토랑

하노이 맛집 키워드에서 굳건히 자리를 지키는 불멸의 맛집으로 최근 모 방송에 방영되어 그 열기가 더 뜨거워졌다. 다양한 베트남 가정식을 맛볼 수 있으며, 쌀가루에 각종 해산물과 채소를 넣어 넓게 부쳐내 바삭한 맛이 일품인 반쎄오가 대표 메뉴다.

INFO
Ⓐ 18 Phan Bội Châu, Cửa Nam Ⓣ 090-212-6963 Ⓗ 08:00~22:00, 연중무휴
Ⓟ 반쎄오 6만 동 Ⓖ 21.026326, 105.843419 Ⓜ Map → 4-A-1

닭고기 구이 9만 동

OLD QUARTER

2 Quán Cơm Phố Cổ
꽌 껌 퍼 꼬

다양한 메뉴의 베트남 가정식을 맛볼 수 있는 집. 깔끔한 실내와 미소로 맞아주는 직원들의 서비스가 기분 좋게 만든다. 대나무에 양념한 닭고기를 꽂아 구워 나오는 닭고기 구이의 맛이 일품. 언뜻 들으면 거부감 있을 것 같은 토마토 두부 볶음도 정말 맛있다.

INFO
Ⓐ 16Nguyễn Siêu, Hàng Buồm Ⓣ 024-2216-4028
Ⓗ 09:00~22:00, 연중무휴 Ⓟ 닭고기 구이 9만 동
Ⓖ 21.036840, 105.851922 Ⓜ Map → 3-B-2

그릴드 치킨 반미 2만 5,000동

믹스 반미 2만 5,000동

OLD QUARTER

 Bánh Mỳ P
반미 P

입구의 화로에서 연신 고기를 구워서인지 내부가 조금 더운 편이지만 음식만큼은 정말 맛있다. 여행자들의 입맛에 맞춘 퓨전 형태의 반미로, 주문 즉시 구워 나오는 그릴 치킨이 바삭하고 부드러운 빵과 최고의 하모니를 이룬다.

INFO
Ⓐ 12Hàng Buồm, Hoàn Kiếm Ⓣ 094-337-33-55 Ⓗ 08:00~21:30, 연중무휴 Ⓟ 그릴드 치킨 반미 2만 5,000동 Ⓖ 21.036075, 105.852537 Ⓜ Map → 3-B-2

OLD QUARTER

 Banh Mì 25
반미 25

하노이의 대표적인 반미 맛집으로 통한다. 주문하는 공간과 먹는 공간이 분리되어 있으며 간단한 음료도 함께 주문할 수 있다. 친절한 주인의 서비스가 돋보이는 곳이지만 명성에 비해 반미의 맛은 다소 평범한 편이다.

INFO
Ⓐ 25Hàng Cá, Hàng Đào, Hoàn Kiếm Ⓣ 097-766-88-95 Ⓗ 07:00~19:00, 연중무휴 Ⓟ 믹스 반미 2만 5,000동 Ⓖ 21.036065, 105.848604 Ⓜ Map → 3-B-2

OLD QUARTER

 Bánh Cuốn Bà Hanh
반 꾸온 바 하잉

OLD QUARTER

 Quán gốc Đa
꽌 곡 다

반 꾸온 개당 1만 동

찐 쌀가루 반죽에 채소, 고기를 다져 만든 소를 넣어 둘둘 말아 만드는 반 꾸온은 길거리에서도 흔히 볼 수 있는 식사 대용 간식이다. 반꾸온 바 하잉에서는 할머니가 주문 즉시 눈 앞에서 만들어주기에 맛은 물론, 보는 재미도 있다.

INFO
Ⓐ 26B Thọ Xương Hàng Trống Hoàn Kiếm Ⓣ 096-166-96-26 Ⓗ 06:00~22:00, 연중무휴 Ⓟ 반 꾸온 개당 1만 동 Ⓖ 21.029116, 105.848729 Ⓜ Map → 3-B-3

다양한 종류의 튀김을 판매하는 가게이다. 대표 메뉴인 새우튀김을 포함해 만두와 비슷해 보이는 반 싸오, 넴 등 10여 가지의 튀김을 맛볼 수 있다. 성요셉 성당 바로 옆에 자리하고 있어 여행 중에 방문하기에 괜찮은 집.

INFO
Ⓐ 52Lý Quốc Sư, Hàng Trống, Hoàn Kiếm Ⓣ 0165-782-7359 Ⓗ 10:00~22:00, 연중무휴 Ⓟ 튀김 개당 5,000-1만 동 Ⓖ 21.029236, 105.849293 Ⓜ Map → 3-B-3

튀김 개당 5,000-1만 동

LOCAL RESTAURANTS : 하노이의 일상, 로컬 식당

두부 항아리 조림 8만 동

껌 다오 승 5만 동   반쎄오 개당 2만 동

7 Banana Tree Vietnamese Kitchen
바나나 트리 비엣남 키친 `OLD QUARTER`

맥주 거리와 인접한 골목에 위치한 베트남 음식점이다. 자극적이지 않은 담백한 항아리 두부조림과 바삭한 넴이 일품이다. 깔끔한 시설을 갖췄음에도 가격은 저렴한 편이다. 청결함이 부족한 로컬 식당에 지쳤다면 바나나 트리에 방문해 쾌적한 환경에서 베트남 음식을 즐겨보자.

INFO
- Ⓐ 62Đào Duy Từ, Hàng Buồm, Hoàn Kiếm Ⓣ 092-219-17-08
- Ⓗ 10:30~23:00, 연중무휴 Ⓟ 두부 항아리 조림 8만 동
- Ⓖ 21.035143, 105.853030 Ⓜ Map → 3-C-2

8 Cơm Sườn Đào Duy Từ
껌승 쩨코아이 `OLD QUARTER`

베트남어로 '껌'은 밥을 뜻하고 '껌승'은 돼지고기 덮밥을 뜻한다. 베트남 사람들이 아침 식사로 간단히 즐기는 메뉴로 우리의 입맛에도 거부감 없이 잘 맞는다. 양념 맛이 돋보이는 돼지고기 립과 백김치와 비슷한 김치가 곁들여져 나오니 한 끼 식사로 손색이 없다.

INFO
- Ⓐ 47Đào Duy Từ, Hàng Buồm, Hoàn Kiếm Ⓣ 090-411-35-53
- Ⓗ 10:00~22:30, 연중무휴 Ⓟ 껌 다오 승 5만 동
- Ⓖ 21.035208, 105.853011 Ⓜ Map → 3-C-2

9 Quán Bánh Xèo - Nem Cuốn
꽌 반쎄오 넴 꾸온 `OLD QUARTER`

입구에서 온종일 할머니가 반쎄오를 구워낸다. 기름을 듬뿍 두른 팬에 곱게 간 쌀가루 반죽을 얇게 펴고, 각종 채소를 넣고 굽는데 그 소리부터 입맛을 당긴다. 내부는 비좁고 깨끗한 편은 아니지만 우리나라 돈 1,000원에 정말 맛있는 반쎄오를 맛볼 수 있다.

TIP 하노이 대부분의 로컬 식당은 위생과 거리가 멀다. 청결에 민감한 여행자라면 물티슈를 준비하자. 수시로 유용하게 쓸 수 있다.

INFO
- Ⓐ 22Hàng Bồ, Hoàn Kiếm Ⓣ 043-828-7047 Ⓗ 09:00~18:00, 연중무휴
- Ⓟ 반쎄오 개당 2만 동 Ⓖ 21.034002, 105.849436 Ⓜ Map → 3-B-2

10 Rice Bistro
라이스 비스트로 `OLD QUARTER`

호텔에서 운영하는 베트남 식당으로 가격은 로컬 식당에 비해 비싸지만, 친절한 서비스와 깔끔한 실내 분위기가 강점이다. 하노이 대표 메뉴인 쌀국수와 넴, 상큼한 맛이 일품인 망고 샐러드의 조화가 참 좋다.

INFO
- Ⓐ 30 Hàng Mành, Hàng Gai Ⓣ 043-828-5053
- Ⓗ 06:30~22:00, 연중무휴 Ⓟ 하노이 전통 음식 세트 21만 5,000동
- Ⓖ 21.031742, 105.848326 Ⓜ Map → 3-B-3

Quán Nem
꽌넴 FRENCH QUARTER

2012년 CNN에서 스프링 롤 맛집으로 선정되었다. 대표 메뉴인 넴과 분짜 딱 두 가지의 메뉴만 전문적으로 판매한다. 바삭바삭한 라이스페이퍼에 새우 살과 각종 채소가 꽉 들어찬 넴을 먹어 보면 맛집이라는 말에 절로 고개가 끄덕여진다. 다른 가게와 달리 숯불 향 가득 머금은 고기가 느억맘 소스와 따로 나오는 것 또한 빼놓을 수 없는 매력이다.

INFO
- Ⓐ 117 Bùi Thị Xuân, Hai Bà Trưng
- Ⓣ 024-3974-3239 Ⓗ 11:00~22:00, 연중무휴
- Ⓟ 넴 꾸아 베 7만 동   Ⓖ 21.014490, 105.849936
- Ⓜ Map → 4-B-3

넴 꾸아 베 7만 동

Bánh Xèo Zòn Pancake
반쎄오 존 팬 케이크 OLD QUARTER

라이스페이퍼에 넣어 한 번에 싸 먹기 좋은 크기로 만들어져 나오는 반쎄오가 특징. 작지만 맛은 알차다. 소고기, 닭고기, 새우 세 종류 중 입맛대로 주문할 수 있다. 직원들은 친절한 편이며, 실내 또한 가격대비 굉장히 쾌적하다.

반쎄오 개당 3만 동 선

INFO
- Ⓐ 25 Lò Sũ, Lý Thái Tổ, Hoàn Kiếm Lý Thái Tổ Hoàn Kiếm   Ⓣ 024-3991-9955
- Ⓗ 10:00~21:00, 연중무휴   Ⓟ 반쎄오 개당 3만 동 선   Ⓖ 21.031234, 105.855675
- Ⓜ Map → 3-C-3

RuNam Bistro
루남 비스트로 FRENCH QUARTER

호치민, 나짱, 다낭 등에 지점을 가지고 있는 루남 비스트로는 베트남의 유명 연예인이 운영하는 체인이다. 베트남 음식과 더불어 '카페 루남'의 커피도 맛볼 수 있다. 쾌적하고 세련된 실내 인테리어와 깔끔한 맛의 음식이 특징이다.

INFO
- Ⓐ 6 Phan Chu Trinh, Tràng Tiền   Ⓣ 024-3934-6346
- Ⓗ 07:00~23:00, 연중무휴   Ⓟ 퍼가 9만 동 (서비스 비용 및 세금 별도)
- Ⓖ 21.023726, 105.856564   Ⓜ Map → 4-C-2

THE TASTE OF THE WORLD : 하노이에서 만난 세계

EAT UP. 3

The Taste of The World :
하노이에서 만난 세계

과거 프랑스의 지배 아래 있던 하노이에는 프랑스 음식을 비롯해 다양한 음식들이 들어왔다. 비록 타국의 국적을 가지고 하노이 거리에 서 있지만, 맛과 서비스는 본국의 여느 음식점에 비할 수 있을 정도로 수준급이다.

AMERICAN FOODS

🇺🇸 Chops Tay Ho
찹스 떠이호 (TAY HO)

올드쿼터와 서호 두 곳에 지점을 가지고 있는 하노이 유명 수제 버거 전문점이다. 주문 즉시 패티를 철판에 구어 넣은 수제 버거는 한입 베어 물면 육즙이 뚝뚝 흐른다. 점심시간에 방문하면 조금 더 저렴한 가격에 즐길 수 있고, 맥주 종류도 다양해 '햄맥'을 즐기기에도 그만이다.

INFO
- Ⓐ 4 Quảng An, Tây Hồ Ⓣ 024-6292-1044 Ⓗ 09:00~24:00, 연중무휴
- Ⓟ 찹스버거 12만 동 (서비스 차지, 세금 별도) Ⓖ 21.062683, 105.829286
- Ⓜ Map → 5-B-2

🇺🇸 Pizza 4P's Bao khanh
피자 포 피스 바오 콴 (OLD QUARTER)

피자 포 피스에서 인생 피자를 만났다는 사람들을 몇몇 보았다. 생 모차렐라를 듬뿍 올려주는 피자가 대표 메뉴이다. 달랏 지역에서 질 좋은 우유로 직접 생산한 치즈를 피자에 올리며 매장에서 직접 판매도 한다.

INFO
- Ⓐ 24Lý Quốc Sư, Hàng Trống, Hoàn Kiếm Ⓣ 028-3622-0500
- Ⓗ 10:00~23:00, 연중무휴 Ⓟ 파르마 햄 피자 42만 동 (서비스 비용 별도)
- Ⓖ 21.029697, 105.848917 Ⓜ Map → 3-B-3

TIP
피자 포 피스의 인기는 그야말로 뜨겁다. 미리 예약을 하지 않으면 식사 시간에는 1시간을 꼬박 기다릴 수도 있으니 방문 전에 꼭 예약할 것!

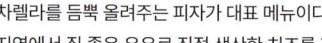

JAPANESE FOODS

쇼유라멘 8만 동
미니 소바 세트 7만 9,000동
키쿠 스시 뷔페 41만 9,000동

(FRENCH QUARTER)

 iSushi Hai Bà Trưng
아이스시

(FRENCH QUARTER)

 Moto-san Uber Noodle
모토산 우버 누들

(DONG DA)

 SOBA LBC072
소바 엘비씨072

하노이의 세 곳과 호치민에 지점이 있는 일본식 뷔페이다. 각종 샐러드부터 초밥, 롤, 바비큐 등을 주문할 수 있고, 주문 즉시 조리해 테이블로 가져다 준다. 신선한 재료와 훌륭한 맛으로 손님들의 만족도가 높은 편이다.

하노이에서 쌀국수만 먹다 보면 가끔은 쫄깃한 면발이나 매콤짤짤한 국물이 그리워 질 때가 있다. 이곳은 저렴한 가격으로 부담 없이 일본식 라멘을 즐길 수 있는 가게다. 아담한 규모의 가게는 시원한 국물과 쫄깃한 면발로 많은 손님이 찾는다. 간단한 초밥이나 교자도 함께 즐길 수 있다.

질 좋은 메밀로 매장에서 직접 만드는 소바 전문점. 한국인에게 익숙한 냉소바부터, 베트남식으로 재구현한 비빔 소바까지 다양한 종류의 소바를 맛볼 수 있다. 여러 종류의 소바를 한 번에 맛볼 수 있는 미니 소바 세트도 있고, 주문 즉시 숯불에 구워주는 다양한 꼬치 요리 또한 맥주와 함께 즐기기 좋다.

(INFO)
- Ⓐ 22 Hai Bà Trưng, Tràng Tiền, Hoàn Kiếm
- Ⓣ 024-3824-1122 Ⓗ 10:00~22:00, 연중무휴
- Ⓟ 키쿠 스시 뷔페 41만 9,000동
- Ⓖ 21.024085, 105.853942 Ⓜ Map → 4-B-2

(INFO)
- Ⓐ 6 Lý Đạo Thành, Tràng Tiền, Hoàn Kiếm
- Ⓣ 097-279-08-82 Ⓗ 08:00~24:00, 연중무휴
- Ⓟ 쇼유라멘 8만 동 Ⓖ 21.025489, 105.857705
- Ⓜ Map → 4-C-2

(INFO)
- Ⓐ 72 Phạm Huy Thông, Ngọc Khánh
- Ⓗ 07:00~23:45, 연중무휴 Ⓟ 미니 소바 세트 7만 9,000동 Ⓖ 21.026929, 105.810242 Ⓜ Map → 6-A-2

THE TASTE OF THE WORLD : 하노이에서 만난 세계

`FRENCH QUARTER`

Amato Tapas Bar & Restaurant
아마토 타파스 바 앤 레스토랑

SPANISH FOODS

스페인 요리 타파스 전문점으로 술과 함께 곁들이기 좋은 음식이 주요 메뉴이다. 런치코스는 애피타이저와 메인 요리로 구성된 2코스와 디저트까지 포함된 3코스가 있다. 코스 요리는 시즌 별로 메뉴가 바뀐다. 훌륭한 스테이크 맛과 친절한 직원의 배려 모든 것이 완벽하다.

INFO
- Ⓐ Ngõ 1a Tràng Tiền, Phường Tràng Tiền, Tràng Tiền Ⓣ 0122-736-7470
- Ⓗ 월~토 10:00~23:30, 일 17:00~23:30, 연중무휴 Ⓟ 런치 세트 (2코스) 25만 동
- Ⓖ 21.023946, 105.858327 Ⓜ Map → 4-C-2

INDIAN FOODS

Namaste Hanoi
나마스떼 하노이 `FRENCH QUARTER`

평소 인도식 커리에 딱히 감흥을 못 느끼던 사람이라도 이곳의 새우 커리와 치즈 난을 맛보면 생각이 바뀔 것이다. 적당히 매콤하게 잘 볶아낸 커리에 통통한 새우 살이 기가 막히게 잘 어우러진다. 매콤한 커리와 난을 함께 곁들이면 어느새 인도 음식에 푹 빠지게 된다.

INFO
- Ⓐ 46 Thợ Nhuộm, Trần Hưng Đạo Ⓣ 043-935-2401
- Ⓗ 11:00~14:30, 18:00~22:30, 연중무휴 Ⓟ 새우 커리 13만 5,000동 (세금 별도)
- Ⓖ 21.026078, 105.845247 Ⓜ Map → 4-A-2

The kitchen
더 키친 `TAY HO`

가정집을 개조한 멕시칸 레스토랑으로 은은한 실내조명이 아늑한 분위기를 만든다. 로맨틱한 분위기에 연인들이 저녁 식사를 위해 많이 찾는다. 전체적으로 음식 맛도 좋은 편이고 친절한 직원들의 서비스는 이곳을 다시 한 번 방문하고 싶게 만든다.

MEXICAN FOODS

Salt n' Lime
솔트 앤 라임 `TAY HO`

나초가 맛있기로 소문이 자자한 곳. 아기자기한 작은 가게이지만, 매장에서 직접 만들어 자부심이 대단한 나초는 소문대로 엄지 척이다. 바삭바삭하고, 다른 가게에 비해 두툼한 게 특징이다. 메뉴를 친절히 하나하나 설명해주는 주인 내외가 인상적이다.

INFO
- Ⓐ 30 Tô Ngọc Vân Quảng An Tây Hồ Quảng An Tây Hồ
- Ⓣ 043-719-2679 Ⓗ 월 07:00~15:00, 화~일 07:00~22:00, 연중무휴
- Ⓟ 미트 케사디아 14만 동 Ⓖ 21.068150, 105.825347 Ⓜ Map → 5-B-1

INFO
- Ⓐ 12 Từ Hoa Công Chúa, Quảng An, Tây Hồ Ⓣ 0126-613-4178
- Ⓗ 평일 17:00~22:00 주말 11:00~22:00, 연중무휴
- Ⓟ 나초 10만 동 Ⓖ 21.059280, 105.832077 Ⓜ Map → 5-B-2

FRENCH FOODS

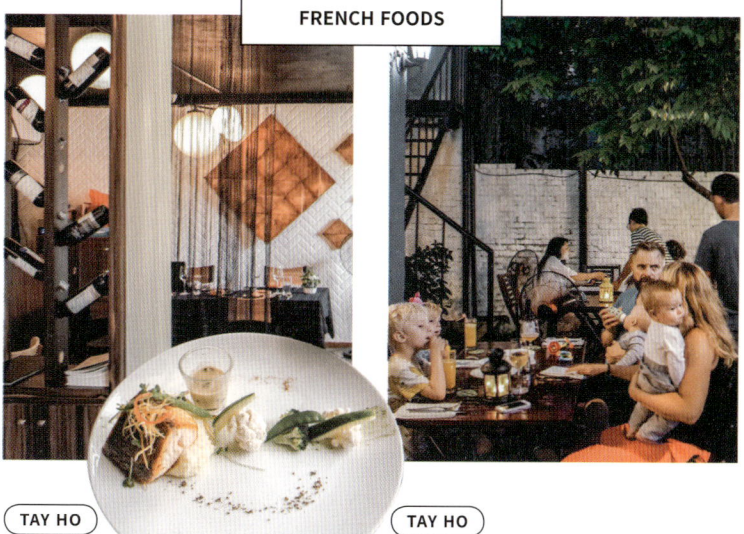

TAY HO

 Salmonoid
살모노이드

연어 요리를 전문으로 하는 레스토랑으로 싱싱한 연어 샐러드부터, 입에서 부드럽게 녹는 연어 스테이크, 연어 껍질 튀김까지 다양한 연어 요리를 맛볼 수 있다. 가격 또한 착한 편이며, 런치 메뉴가 따로 준비되어 있다. 별도의 요청 없이는 런치 메뉴판을 제공하지 않으니, 기억해 두자.

INFO
- Ⓐ 32C Cao Bá Quát, Điện Biên, Ba Đình
- Ⓣ 091-436-28-87 Ⓗ 11:00~23:00, 연중무휴
- Ⓟ 런치 코스 18만 동 Ⓖ 21.030466, 105.838281
- Ⓜ Map → 5-C-4

TAY HO

 Cousins Restaurant
커즌 레스토랑

서호 호숫가에 위치한 이곳은 친절한 프랑스인이 운영하는 식당이다. 낮보다 저녁 시간에 분위기가 더 좋으며, 손님의 대부분이 하노이에 거주하는 외국인들이다. 우리의 육회와 비슷한 프랑스 요리인 비프 타르타르 Beef tartar가 상당히 맛있다.

INFO
- Ⓐ 3 Quảng Bá, Quảng An, Tây Hồ
- Ⓣ 0123-867-0098 Ⓗ 월,수-금 11:00~22:00, 화 17:00~22:00, 주말 11:00~23:00, 연중무휴
- Ⓟ 비프 타르타르 25만 동 Ⓖ 21.070162, 105.822836
- Ⓜ Map → 5-B-1

TAY HO

 Maison de Tet Décor
메종 드 뗏 데코

서호 호숫가에 위치한 깔끔한 레스토랑이다. 직접 생산한 신선한 재료들로 건강한 음식을 제공한다. 호숫가 전망을 바라보며 브런치 타임을 가지기에 더할 나위 없이 훌륭한 곳이다. 한쪽에서는 독특한 디자인의 핸드메이드 소품도 판매한다.

INFO
- Ⓐ Villa 156 Tu Hoa, Nghi Tam, Quảng An, Tây Hồ
- Ⓣ 096-661-1383 Ⓗ 07:00~22:00, 연중무휴
- Ⓟ 아보카도 오픈 샌드위치 18만 동
- Ⓖ 21.059801, 105.830100 Ⓜ Map → 5-C-2

HONG KONG FOODS

TAY HO

 Tim Ho Wan Restaurant
팀호완 레스토랑

세계에서 가장 작은 미슐랭 레스토랑으로 명성이 자자한 홍콩의 최고 딤섬 전문 레스토랑, 팀호완의 베트남 체인점. 롯데센터 36층에 있어 서호 지역 전체를 조망할 수 있다. 뛰어난 맛의 딤섬이 저렴한 편인데다 훌륭한 전망까지 즐길 수 있으니 방문을 하지 않을 이유가 없다. 창가 자리에 앉고 싶다면 예약은 필수!

INFO
- Ⓐ 36Floor, Lotte Center, Cống Vị, Ba Đình Ⓣ 043-333-1725
- Ⓗ 11:30~22:00, 연중무휴 Ⓟ S10 돼지고기 새우 딤섬 9만 3,000동 (서비스 차지, 세금 별도)
- Ⓖ 21.032199, 105.812392 Ⓜ Map → 5-A-4

FINE DINING : 소중한 한 끼

Fine Dining :
소중한 한 끼

EAT UP 4

분위기 있는 레스토랑에서의 코스 요리. 보통 기념일을 꼽아 즐기는 요리를 하노이에서는 부담 없이 즐길 수 있다. 2만~3만 원 대의 합리적인 가격에 코스 요리를 제공하기 때문. 특별한 이유를 찾을 필요도 없다. 여행 중 하루하루는 모두 소중하니까!

Ưu Đàm Chay 우 담 차이

FRENCH QUARTER

① Ưu Đàm Chay
우담 차이

채식 음식만 선보이는 레스토랑. 푸릇한 나무로 둘러싸인 공간에 들어서면 마치 숲에 들어온 듯한 느낌이 든다. 공간은 층마다 다른 분위기를 풍기지만 공통적으로 고풍스러운 느낌이 든다. 과일 밥 등 다양한 메뉴를 제공하며 음식 맛도 깔끔하고 맛있다.

INFO
Ⓐ 34 Phố Hàng Bài, Hàng Bài, Hoàn Kiếm
Ⓣ 098-134-98-98　Ⓗ 10:30~21:30, 연중무휴
Ⓖ 21.022592, 105.852342　Ⓜ Map → 4-B-2

OLD QUARTER

② The Gourmet Corner Restaurant
더 가멧 코너 레스토랑

하노이 엘레강스 다이아몬드 호텔 12층에 위치한 레스토랑. 로컬 음식점에 비해 높은 가격이지만 분위기, 깔끔한 맛, 친절한 서비스를 고려하면 부담스럽지 않은 가격이다.

INFO
Ⓐ 32 Lò Sũ, Lý Thái Tổ, Hoàn Kiếm
Ⓣ 024-3935-1632　Ⓗ 11:30~22:00, 연중무휴
Ⓟ 베트남 코스 40만 동 (서비스 비용, 세금 별도)
Ⓖ 21.031566, 105.854941　Ⓜ Map → 3-C-3

FRENCH QUARTER

③ **Jackson steakhouse**
잭슨 스테이크하우스

인당 단돈 2만 원, 둘이 가면 3만 원으로 코스 요리를 즐길 수 있는 레스토랑. 애피타이저, 메인 요리, 디저트가 포함된 세 가지 종류의 코스 요리가 주말과 공휴일을 제외한 평일 11시 30분부터 오후 2시까지 런치 타임에 제공된다. 가격은 저렴한 편이지만 친절한 서비스와 스테이크의 맛은 일품이다.

INFO
Ⓐ 21 Hai Bà Trưng, Cửa Nam　Ⓣ 024-3938-8388
Ⓗ 평일 11:30~22:00, 주말 10:00~22:00, 연중무휴　Ⓟ 런치 코스 39만 9,000동 (서비스 비용, 세금 별도)　Ⓖ 21.024073, 105.853245　Ⓜ Map → 4-B-2

TIP
대체로 하노이의 레스토랑은 점심시간에 방문하면 합리적인 가격으로 런치 코스를 즐길 수 있는데, 대부분 식당이 평일에만 런치 코스를 운영하니 참고하자.

OLD QUARTER

 Café de Paris Cafes
카페 드 파리 카페

한 입 베어 물면 육즙이 베어 나오는 스테이크의 맛이 환상적이다. 요리는 입에 맞는지, 필요한 것은 없는지 세심히 신경 써주는 주인장의 서비스도 훌륭하다. 로맨틱한 카페 분위기가 연인들이 하노이의 밤을 속삭이며 와인 한 잔을 곁들이기 딱 좋은 곳이다.

INFO
Ⓐ 12 Lương Ngọc Quyến, , Quận Hoàn Kiếm
Ⓣ 024-3926-1327　Ⓗ 08:00~23:00, 연중무휴
Ⓟ 비프 버거 19만 동　Ⓖ 21.034917, 105.853013
Ⓜ Map → 3-C-2

FRENCH QUARTER

 La Badiane
라 바디안

단정한 입구 한쪽의 개방형 주방이 신뢰감을 준다. 천장이 탁 트여 더욱 밝게 느껴지는 내부가 기분 좋은 점심 만찬을 선사한다. 입맛을 돋우는 애피타이저, 훌륭한 구성의 메인, 달콤한 마무리의 디저트까지 군더더기 없는 곳이다. 공휴일과 주말을 제외한 평일에는 단돈 2만 원으로 근사한 식사가 가능하다. 홈페이지를 통한 사전 예약은 필수다.

INFO
Ⓐ 10 Nam Ngư, Cửa Nam, Hoàn Kiếm
Ⓣ 024-3942-4509　Ⓗ 11:30~14:00 18:00~22:00, 일 휴무
Ⓟ 평일 런치 3코스 세트 39만 5,000동
Ⓖ 21.026586, 105.843135　Ⓜ Map → 4-A-1

FRENCH QUARTER

 Club Opera Novel
클럽 오페라 노벨

오랜 시간 꾸준히 사랑을 받아온 한 편의 소설 같은 공간이다. 유동 인구가 많은 길 한복판에 있지만 입구에 들어서면 고전 영화 속의 한 장면에 들어온 기분이 든다. 고풍스러운 가구들로 내부를 단장하고, 직원들의 친절, 세심한 소품들로 마무리했다. 풍미 있게 조리한 음식은 자극적인 음식들에 지친 입맛을 부드럽게 달래준다.

INFO
Ⓐ 17 Tràng Tiền, Hoàn Kiếm　Ⓣ 024-3972-8001
Ⓗ 11:00~14:00 18:00~23:00, 연중 무휴
Ⓟ 간장 소스 돼지갈비 20만 동
Ⓖ 21.024473, 105.856439　Ⓜ Map → 4-C-2

ROOFTOP : 도시의 낭만

Rooftop : 도시의 낭만

도시의 전경을 한 눈에 담는 일은 낭만적인 일이다. 복잡한 하노이의 거리도 멀리 떨어져 바라보면 평화롭고 아름답기만 하다. 날이 저물어갈 때, 지친 몸을 이끌고 루프탑으로 올라와 지는 해를 바라보며 하노이의 낭만을 즐길 때다.

EAT UP. 5

1 Red Bean Central Restaurant
레드빈 센트럴 레스토랑 〔OLD QUARTER〕

하노이 고급 정찬 레스토랑 순위에서 늘 상위권을 유지하는 검증된 곳이다. 레드빈 트렌디 레스토랑을 함께 운영한다. 유명 셰프가 요리하는 깔끔하고 단정한 맛이 특징이며, 무엇보다 훌륭한 서비스가 가장 만족스러운 곳이다. 밤에 루프탑에서 바라보는 전망이 훌륭하며 하노이에서 특별한 밤을 보내고 싶을 때 찾아보자.

〔 INFO 〕
Ⓐ No. 1 Cau Go, Hoan Kiem, Hanoi, Hàng Bạc Ⓣ 024-3938-0963
Ⓗ 11:30~22:00, 연중무휴 Ⓟ 베트남식 볶음밥 14만 5,000동 (서비스차지, 세금 별도)
Ⓖ 21.032148, 105.853732 Ⓜ Map → 3-C-3

2 Summit lounge
서밋 라운지 〔TAY HO〕

팬 퍼시픽 호텔의 루프탑 바로, 노을을 감상하기 좋은 곳으로 유명하다. 서호를 배경으로 한 아름다운 노을을 사방에서 볼 수 있다. 야외 석뿐만 아니라 편안한 실내 좌석도 있다. 붉게 물들어가는 노을을 바라보며 행복하게 여행을 마무리하기 좋은 곳이다.

〔 INFO 〕
Ⓐ 1 Thanh Niên, Trúc Bạch, Ba Đình Ⓣ 024-3823-8888 Ⓗ 16:00~24:00, 연중무휴 Ⓟ 패션후르츠 주스 14만 동 (서비스 차지, 세금 별도)
Ⓖ 21.050019, 105.839549 Ⓜ Map → 5-C-3

3. Trill Rooftop Café
트릴 루프 탑 카페 `TAY HO`

36층 건물 꼭대기의 루프탑 카페. 하노이 시내가 한 눈에 내려다보이는 시원한 전망이 감탄을 부른다. 수영장이 있어 뜨거운 한낮의 더위도 걱정이 없다. 수영장은 별도의 요금을 지불해야 이용할 수 있다. 해질녘의 노을을 바라보며 휴식을 취하기 좋은 곳이다.

INFO
- Ⓐ Tòa nhà Hei Tower, 1 Nguy Như Kon Tum, Nhân Chính, Thanh Xuân
- Ⓣ 024-3203-4999 Ⓗ 08:00~23:00, 연중무휴 아보카도 스무디 4만 5,000동 Ⓖ 21.003236, 105.805417 Map → 6-A-3

4. Top Of Hanoi
탑 오브 하노이 `TAY HO`

하노이에서 가장 높은 건물인 롯데센터 꼭대기 67층에 위치한 루프탑 바. 사방팔방으로 뻥 뚫린 360도 전망을 원 없이 볼 수 있으며, 해가 질 무렵 올라오면 노을과 야경을 둘 다 감상할 수 있다. 해가 지면 조명이 커져 더욱 로맨틱한 분위기를 자아내 연인들에게 더욱 인기가 좋다. 단, 비가 오는 날에는 운영하지 않으니 날씨가 애매한 날에는 전화로 꼭 확인해 보자.

INFO
- Ⓐ 67Floor, Lotte Center Cống Vị, Ba Đình Ⓣ 043-333-1000 Ⓗ 17:00~24:00, 연중무휴(우천 시 휴무)
- Ⓟ 하노이 비어 12만 동 (서비스 비용 및 부과세 별도) Ⓖ 21.032200, 105.812866 Map → 5-A-4

5. Serein Cafe & lounge
세레인 카페 앤 라운지 `OLD QUARTER`

3층부터 5층까지 야외 좌석과 실내 좌석으로 이루어진 카페 겸 라운지 바. 위치상 루프탑이라기엔 다소 어려울 수 있지만, 롱비엔 다리를 한눈에 내려다볼 수 있는 뛰어난 전망을 자랑한다. 해 질 녘 야외석에 앉아 붉게 물든 노을 빛에 인생 사진을 남기기에도 좋고, 퇴근 시간 줄지어 귀갓길을 서두르는 오토바이 행렬도 눈에 담아볼 수 있다.

INFO
- Ⓐ 16 Trần Nhật Duật, Đồng Xuân, Hoàn Kiếm Ⓣ 093-644-6221 Ⓗ 09:00~23:00 연중무휴
- Ⓟ 카페 라떼 7만 동 Ⓖ 21.040008, 105.850453 Map → 3-B-1

PLUS. 이색 메뉴를 즐길 수 있는 레스토랑

`OLD QUARTER`
V's Home
브이스 홈

직접 생산한 건강한 식자재들로 차려내는 채식 식당이다. 일회용품과 플라스틱은 사용하지 않는다는 내부 방침과 청각 장애인들을 직원으로 고용하는 대표자의 운영 철학이 돋보이는 곳이다.

- Ⓐ 40 Đường Thành, Hàng Bông, Hoàn Kiếm
- Ⓣ 090-671-7181 Ⓗ 08:00~22:00, 연중무휴
- Ⓟ 모둠 스프링롤 8만 동 Ⓖ 21.030843, 105.847234
- Map → 3-A-3

`OLD QUARTER`
Chả Cá Lã Vọng
짜까라봉

짜까는 민물 생선인 가물치의 살을 양념에 재워 구운 것에 딜, 부추 등의 채소를 쌀국수와 함께 먹는 음식이다. 이곳은 짜까를 만들어낸 원조집으로 100년이 넘는 시간 동안 5대째 그 명성을 지키고 있다.

- Ⓐ 14Chả Cá, Hàng Đào Ⓗ 09:00~14:30, 17:00~22:00, 연중무휴 Ⓟ 짜까 1인분 17만 동
- Ⓖ 21.035512, 105.849226 Map → 3-B-2

`DONG DA`
Luong Son Quan Restaurant
루엉 손 콴 레스토랑

오두막들로 이루어진 공간과 개구리 요리, 송아지, 가물치 요리 등 낯선 식재료를 사용해 이색적인 가게.

- Ⓐ 173 Thái Hà, Trung Liệt, Đống Đa
- Ⓣ 093-771-66-88 Ⓗ 07:00~23:00, 연중무휴
- Ⓟ 새우구이 18만 동 Ⓖ 21.015967, 105.815602
- Map → 6-A-2

BRUNCH & DESSERT : 달콤한 충전

째 3만 5,000동

EAT UP. 6

Brunch & Dessert : 달콤한 충전

베트남 음식점들 사이를 달콤하게 채우고 있는 브런치와 디저트 가게들. 베트남 전통 디저트부터, 다양한 종류의 베이커리까지! 여행의 행복지수를 올려줄 것이다.

> **INFO**
> Ⓐ 4Ấu Triệu Hàng Trống Hoàn Kiếm Ⓣ 049-285-859
> Ⓗ 08:00~22:00, 연중무휴 Ⓟ 볼로네즈 스파게티 12만 동
> Ⓖ 21.029183, 105.849282 Ⓜ Map → 3-B-4

> **INFO**
> Ⓐ 39Hàng Cót, Hàng Mã Ⓣ 046-259-7311
> Ⓗ 8:00~23:00, 연중무휴 Ⓟ 째 3만 5,000동
> Ⓖ 21.037491, 105.847166 Ⓜ Map → 3-A-2

OLD QUARTER

1 Lutulata Desserts & Drinks
루투랄타 디저트 앤 드링크

째 전문 디저트 가게. 빈티지한 소품과 세련된 인테리어가 어우러진 매장 분위기는 베트남 젊은이들의 취향을 저격한다. 과일이 골고루 섞인 메뉴를 비롯해 다양한 종류의 째를 판매하고 있다.

OLD QUARTER

2 La Place Cafe
라 플레이스 카페

성요셉 성당 바로 앞에 위치한 브런치 가게. 2층 테라스에 앉으면 성당을 그대로 내려다볼 수 있다. 오래된 건물을그대로 살려 꾸민 가게 내부에 들어서면 세월이 그대로 느껴진다. 추천 메뉴인 볼로네즈 스파게티는 양도 푸짐하고 맛도 좋아 든든한 한 끼가 된다.

볼로네즈 스파게티 12만 동

과일 신또 2만 동

OLD QUARTER

3 Quán Hoa Béo
꽌 호아 베오

> **INFO**
> Ⓐ 17 Tô Tịch, Hàng Đào, Hoàn Kiếm
> Ⓗ 24시간 영업, 연중 무휴 Ⓟ 과일 신또 2만 동
> Ⓖ 21.032367, 105.850546 Ⓜ Map → 3-B-3

하노이에서 가장 유명한 신또 전문점. 시원한 신또로 뜨거운 하노이의 더위를 식히는 사람들로 가게가 붐빈다. 각종 신선한 과일을 듬뿍 썰어 넣고 연유를 부어 시원한 얼음과 함께 곁들여 먹는 신또는 남녀노소 모두가 두루 좋아할 맛이다.

FRENCH QUARTER

 Maison Marou Hanoi
메종 마루 하노이

두 명의 프랑스 오너가 베트남에서 생산된 카카오를 이용하여 만든 공정무역 초콜릿을 판매한다. 카카오를 직접 생산, 가공, 포장부터 판매까지 하는 베트남 유명 초콜릿 브랜드이기도 하다. 호치민에도 지점이 있고, 메종 마루의 초콜릿은 일부 마트나 상점에서도 판매하고 있다.

시그니처 마루우 9만 동

INFO
Ⓐ 91A Thợ Nhuộm, Trần Hưng Đạo, Hoàn Kiếm
Ⓣ 024-3717-3969 Ⓗ 월화수목일 10:00~22:00, 금토 09:00~23:00, 연중무휴 Ⓟ 시그니처 마루우 9만 동
Ⓖ 21.021854, 105.849942 Ⓜ Map → 4-B-2

런치 세트 메뉴 20만 동~

TAY HO

 ESSIE Tearoom &Bistro
에씨 티룸 앤 비스트로

가정집 스타일의 분위기 좋은 브런치 카페. 정원에는 거대한 나무와 야외 테이블이 자리 잡고 있고, 내부 또한 아기자기한 소품으로 아늑한 분위기를 조성한다. 한국어 메뉴판이 준비되어 있으며 비건 메뉴도 판매하니 선택의 폭도 넓다.

INFO
Ⓐ 86 Đường Tô Ngọc Vân, Quảng An, Tây Hồ, Hà Nội
Ⓣ 096-926-87-86 Ⓗ 07:00~22:00, 연중무휴
Ⓟ 런치 세트 메뉴 20만 동~ Ⓖ 21.04.06.0 105.49.21.7
Ⓜ Map → 5-B-1

FRENCH QUARTER

 Cửa hàng Kem Tràng Tiền
짱띠엔 아이스크림

아이스크림 8,000동

'Kem'은 베트남어로 '아이스크림'이라는 뜻이다. 짱띠엔 아이스크림은 1958년부터 영업을 시작해 하노이에서 가장 오래된 아이스크림 집으로 유명하다. 시원한 아이스크림으로 덥고 습한 하노이의 날씨를 조금 식혀도 좋겠다.

INFO
Ⓐ 35 Tràng Tiền, Hoàn Kiếm Ⓣ 098-625-79-79
Ⓗ 08:00~21:00, 연중무휴 Ⓟ 아이스크림 8,000동
Ⓖ 21.024878, 105.854246 Ⓜ Map → 4-C-2

FRENCH QUARTER

 S'Patisserie
에스 파티시에

늦은 저녁 달콤한 간식이 떠오른다면 에스 파티시에를 찾아가자. 매장에서 직접 굽는 다양한 종류의 케이크를 맛볼 수 있다. 고객의 반응을 살피는 파티시에의 태도가 인상적이다.

INFO
Ⓐ 17 Hàng Khay, Tràng Tiền, Hoàn Kiếm
Ⓣ 024-3938-5555 Ⓗ 07:00~22:00, 연중무휴
Ⓟ 레드벨벳 케이크 5만 동 Ⓖ 21.025634, 105.852485 Ⓜ Map → 4-B-2

CAFE HOPPING : 하노이의 커피 세계

EAT UP 7

Cafe Hopping : 하노이의 커피 세계

베트남은 세계 커피 생산국 2위를 차지할 만큼 커피가 유명한 나라다. 과거 프랑스 식민 지배 시절 들어온 커피는 이곳의 문화와 융합돼 베트남 고유의 맛과 향을 만들어냈다. 때문에 하노이에서 커피 투어는 빼놓지 말고 해야 할 여행 중 하나이다.

TIP
베트남 커피의 가장 큰 특징은 원두의 맛이 아주 진하다는 것. 카페인에 약한 여행자라면 빈 속에 커피를 마시거나 하루에 한 잔 이상은 삼가자. 속쓰림과 두통이 올 수 있다.

PLUS

Vietnamese Coffee 베트남 커피 종류

베트남에는 다른 곳에서 만날 수 없는 다양한 커피를 맛볼 수 있다. 특히 필터가 아닌 카페 핀 cafe fin 이라 불리는 추출기를 사용해 커피를 내린다. 카페 핀에 원두를 넣고 뜨거운 물을 부어 커피를 추출하는데, 핸드 드립 커피 보다도 훨씬 오랜 시간이 걸린다. 이렇게 추출된 커피에 연유나 우유, 코코넛 등을 첨가해 마신다.

ⓐ 까페 덴 농 Cà phê đen Nong:
뜨거운 블랙 커피. 컵 위에 추출기를 올려 바로 커피를 내려 마신다.

ⓑ 까페 덴 다 Cà phê đen dá:
아이스 블랙 커피. 까페 덴 농에 얼음을 넣어 마시는 커피.

ⓒ 까페 쓰어 농 Cà phê Sua Nong:
뜨거운 연유 커피. 컵 아래에 연유를 깔고 커피를 내려 마신다.

ⓓ 까페 쓰어 다 Cà phê Sua Da:
까페 쓰어 농에 얼음을 넣어 시원하게 마시는 커피.

ⓔ 까페 쭝 Cà Phê Trung:
일명 에그 커피. 노른자로 휘핑을 만들어 올린 커피.

ⓕ 까페 꼳 즈어 cà phê cốt dừa:
코코넛 밀크 커피로, 커피 위에 코코넛 밀크 스무디를 올린다.

미로 속 보물 같은 공간

1. Hidden Gem Coffee
히든 잼 커피 `OLD QUARTER`

카페 이름이 납득될 정도로 숨겨져 있는 공간에 자리한 커피숍이다. 좁은 골목을 따라 들어서면 나타나는 공간은 재활용품들로 장식되어 있다. 각기 다른 곳에서 온 재활용품임에도 조화롭게 공간을 채우고 있다. 친절한 직원들과 특색 있는 공간으로 시간을 보내기에 좋은 곳이다.

INFO
- Ⓐ 3B Hàng Tre, Lý Thái Tổ, Hoàn Kiếm, Hà Nội Ⓣ 097-215-83-83
- Ⓗ 24시간 영업 Ⓟ 코코넛 아이스커피 4만 5,000동
- Ⓖ 21.033698, 105.854872 Ⓜ Map → 3-C-3

2. Cafe Cuối Ngõ
카페 쿠이 `TAY HO`

오토바이 하나쯤 겨우 지나갈 만한 아주 좁은 골목에 위치해 찾기가 매우 어렵다. 로컬 느낌이 물씬 나는 내부에는 전혀 어울릴 것 같지 않은 소품들이 여기 저기 장식되어 있는데, 특이하게도 묘하게 잘 어우러진다.

INFO
- Ⓐ Ngõ 68 - Cầu Giấy, Quan Hoa Ⓣ 098-444-42-54
- Ⓗ 07:30~22:30, 연중무휴 Ⓟ 카페 쓰어다 2만 동
- Ⓖ 21.033293, 105.802706 Ⓜ Map → 5-A-4

3. Hanoi House Cafe
하노이 하우스 카페 `OLD QUARTER`

2층에 위치한 탓에 여행객의 눈길을 쉽게 받지 못한다. 오래된 집을 개조해 실내는 어두컴컴한 분위기를 풍긴다. 그러나 성 요셉 성당을 내려다볼 수 있는 곳에 자리해 전망만은 최고! 성당을 바라보며 마시는 따뜻한 차의 맛과 향은 가히 환상이다.

INFO
- Ⓐ 2Lý Quốc Sư, Hàng Trống Ⓣ 093-696-56-69 Ⓗ 09:00~23:00, 연중무휴
- Ⓟ 티 3만 4,000동 Ⓖ 21.029168, 105.849504 Ⓜ Map → 3-B-3

4. Cafe Nola
카페 놀라 `OLD QUARTER`

지도를 보고 찾아가도 위낙 눈에 띄지 않는 간판 탓에 지나치기 쉽다. 좁은 입구로 들어가면 안쪽엔 비밀스러운 공간이 널찍하게 자리 잡고 있다. 눈에 띄는 오래된 가구들과 예술 작품들이 하모니를 이루는 곳이다.

INFO
- Ⓐ Mã Mây, Quan Hoan Kiem Ⓣ 024-3926-4669 Ⓗ 10:00~23:00, 연중무휴
- Ⓟ 카페 쓰어다 4만 동 Ⓖ 21.034354, 105.853481 Ⓜ Map → 3-C-2

CAFFE HOPPING : 하노이의 커피 세계

예술과 함께 즐기는 커피 한 잔

1. Manzi
만지 `TAY HO`

만지는 복합 예술 공간이자 갤러리 카페라고 할 수 있다. 1층에서는 음료와 간단한 식사를 판매하고 2층에선 수시로 전시와 예술 관련 행사가 열린다. 2층 갤러리의 방명록을 작성하면 메일로 만지 행사 스케줄을 미리 알려준다.

INFO
- Ⓐ 14 Phan Huy Ích, Nguyễn Trung Trực
- Ⓣ 024-3716-3397 Ⓗ 08:00~22:30, 연중무휴
- Ⓟ 카페 쓰어다 3만 동
- Ⓖ 21.041526, 105.845614
- Ⓜ Map → 5-C-3

2. Cafe Carambola
카페 카람볼라 `TAY HO`

여긴 카페의 탈을 쓴 박물관이다. 주인이 직접 모은 각종 영화, 사진 등의 빈티지 소품으로 내부를 꾸며 꼭 오래된 영화 속 한 장면에 들어와 있는 기분이다. 커피와 음료뿐만 아니라 다양한 종류의 칵테일과 주류도 판매하고 있어 저녁 시간에 들러도 좋다.

INFO
- Ⓐ 103, Vạn Phúc, Liễu Giai Ⓣ 024-3762-9118
- Ⓗ 07:00~23:30, 연중무휴 Ⓟ 베리에이드 5만 동
- Ⓖ 21.033415, 105.816112 Ⓜ Map → 5-B-4

3. Tranquil Books & Coffee
트랜퀼 북 앤 커피 `OLD QUARTER`

하노이에 총 세 곳의 지점을 가지고 있는 트랜퀼의 북 카페이다. 친구 집 다락방에 옹기종기 모여 앉아 만화책을 보는 것 같은 느낌의 2층이 아늑하다. 매주 목, 금, 토요일에는 음악, 토크 콘서트 등의 공연도 열려 다양한 문화 경험을 즐길 수 있다.

INFO
- Ⓐ 5Nguyễn Quang Bích, Cửa Đông, Hoàn Kiếm
- Ⓣ 098-938-45-41
- Ⓗ 08:00~23:00, 연중무휴
- Ⓟ 에스프레소 콘빤나 5만 4,000동
- Ⓖ 21.032447, 105.845688
- Ⓜ Map → 3-A-3

4. Music Cafe
뮤직 카페 `OLD QUARTER`

턴테이블에서 흘러나오는 음악과 오래된 가수들의 사진들이 벽면을 채운 공간. 뮤직 카페라는 콘셉트를 충실히 인테리어에 녹여냈다. 주말 밤에는 라이브 공연을 즐길 수 있다.

INFO
- Ⓐ 7 Hàng Thùng, Lý Thái Tổ Ⓣ 043-935-2580
- Ⓗ 07:00~23:00, 연중무휴 카페 쓰어다 2만 7,000동
- Ⓖ 21.032330, 105.855273 Ⓜ Map → 3-C-3

`OLD QUARTER`

1 Gấu Coffee Roaster
가우 커피 로스터

올드쿼터의 떠오르는 커피 강자이다. 수입산 원두와 베트남산 원두를 섞어 직접 로스팅해 사용한다. 내부의 좌석은 10석이 채 되지 않아 협소하지만 2층 테라스에서 마시는 커피 맛이 일품이다. 매장에서 직접 구운 베이커리의 맛도 괜찮은 편이다.

INFO
- Ⓐ 33 Hàng Bè, Hàng Bạc Ⓣ 091-549-36-63 Ⓗ 08:00~20:00, 연중무휴
- Ⓟ 라떼 4만 5,000동 Ⓖ 21.032963, 105.853867 Ⓜ Map → 3-C-3

커피에 집중!

`OLD QUARTER`

2 Giảng Café
지앙 카페

하노이의 빼놓을 수 없는 명물 커피 중 하나인 에그 커피의 원조 집으로 커피 위에 달콤한 달걀 크림을 듬뿍 올려 나온다. 커피 잔을 따뜻하게 중탕해서 나오는 게 특징이다.

INFO
- Ⓐ 39 Nguyễn Hữu Huân, Lý Thái Tổ Ⓣ 098-989-22-98
- Ⓗ 07:00~22:00 Ⓟ 에그커피 2만 5,000동
- Ⓖ 21.033398, 105.854469 Ⓜ Map → 3-C-3

`TAY HO`

3 Reng Reng Café
렝렝 카페

그 흔한 간판도 와이파이도 콘센트도 없다. 오래 앉아 수다를 떨 편한 의자도 없다. 그러나 이 카페는 매시간 손님으로 북적거린다. 이유는 두말할 것 없는 커피의 맛. 주인장은 직접 로스팅한 커피의 맛에 대한 자부심이 가득하다.

INFO
- Ⓐ 17 ngõ, 12B Lý Nam Đế, Hàng Mã
- Ⓣ 093-365-31-01 Ⓗ 평일 07:00~15:00, 주말 07:00~19:00 연중무휴 Ⓟ 바노 커피 3만 5,000동
- Ⓖ 21.038430, 105.845073 Ⓜ Map → 5-C-3

CAFFE HOPPING · 하노이의 커피 세계

로컬 사람들의 아지트

OLD QUARTER

1 Moca Cafe
모카 카페

문을 열고 들어서면 70년대 다방으로 시간여행을 떠나온 느낌이다. 카페 쓰어다부터 우리에게 익숙한 다양한 커피 메뉴를 판매한다. 매장 입구에 놓인 오래된 로스팅 기계가 눈길을 끈다.

INFO
Ⓐ Nhà Thờ, Hàng Trống, Hoàn Kiếm Ⓣ 024-3825-6334 Ⓗ 07:00~23:00, 연중무휴 Ⓟ 카페 모카 4만 9,000동 Ⓖ 21.029171, 105.850054 Ⓜ Map → 3-B-3

DONG DA

2 Căng-Tin109 cà phê
캉틴 109 카페

두 개의 건물을 한꺼번에 사용하고 있는 로컬 카페로 전부 빛 바랜 노란색으로 칠해진 공간이 인상적이다. 오래된 학교 책상과 걸상으로 만들어진 좌석과 오래된 만화책도 여러 권 갖추었으며, 하노이 사람들이 어린 시절 즐겨 먹던 간식거리도 판매하고 있다.

INFO
Ⓐ Ngõ 198 Xã Đàn, Phương Liên, Đống Đa Ⓣ 016-7209-9359 Ⓗ 08:00~22:00, 연중무휴 Ⓟ 카페 쓰어다 2만 동 Ⓖ 21.012048, 105.837942 Ⓜ Map → 6-C-3

DONG DA

3 Xoan Café
소안 카페

동다 지역의 대표적인 로컬 카페를 꼽자면 소안 카페를 꼽을 수 있다. 대로변에서 살짝 골목 안쪽으로 들어가면 오래된 건물을 그대로 살린 3층 카페를 만날 수 있다. 함께 모여 과제를 하거나 간단한 작업을 하는 손님들이 대부분이고, 구석구석 비치해 둔 빈티지 가구와 소품을 보는 재미가 쏠쏠하다.

INFO
Ⓐ 5 ngõ 411 Trường Chinh Ⓣ 098-933-60-08 Ⓗ 09:00~23:00, 연중무휴 Ⓟ 카페 쓰어다 2만 동 Ⓖ 21.002286, 105.820554 Ⓜ Map → 6-B-4

FRENCH QUARTER

4 Fika Café
피카 카페

4층의 건물 통째를 카페로 만들었다. 널찍한 내부에 테이블 간격도 적당하고 편안한 의자가 있어 눈치 보지 않고 오래 머물 수 있다. 옥상에 야외 석도 따로 있으며 늦은 저녁 한가롭게 커피 한 잔 마시는 하노이 사람들을 볼 수 있다.

INFO
Ⓐ 50 Lò Đúc, Phạm Đình Hồ Ⓣ 0168-568-7641 Ⓗ 08:00~23:00, 연중무휴 Ⓟ 솔티드 치즈 아이스티 4만 5,000동 Ⓖ 21.016674, 105.855951 Ⓜ Map → 4-C-3

분위기를 마시다!

1. Block house café
블럭 하우스 카페 `TAY HO`

아슬아슬한 각도의 계단에 올라서면 탁 트인 서호의 전망이 한눈에 들어온다. 펼쳐둔 돗자리 위에 다른 여행자들과 함께 두루 모여 앉아 붉게 물드는 서호의 노을을 바라볼 수 있는 낭만 있는 곳이다.

INFO
- Ⓐ 35 Ngõ 52 Tô Ngọc Vân, Quảng An, Tây Hồ Ⓣ 094-200-13-79
- Ⓗ 16:00~23:30, 연중무휴 Ⓟ 아보카도 스무디 3만 동
- Ⓖ 21.071934, 105.821721 Ⓜ Map → 5-B-1

2. Úi Chà Trà
우이 짜 뜨라 `FRENCH QUARTER`

도심 속 꽃과 식물이 가득한 곳에서 차를 마시는 콘셉트의 찻집이다. 푸릇한 공간 속에서 여유롭게 차를 마시면 분주했던 마음이 안정된다. 손수 만든 차와 베트남 전통 음료, 전통 간식을 차와 함께 판매하고 있다. '슈아 가오Sữa gạo'라는 이름의 전통 음료는 미숫가루와 맛이 비슷하다.

INFO
- Ⓐ 11 Lê Ngọc Hân Phạm Đình Hồ Hai Bà Trưng
- Ⓗ 07:00~22:00, 연중무휴 Ⓟ Sữa gạo 슈아 가오-전통 음료 2만 5,000동 Ⓖ 21.016626, 105.855356 Ⓜ Map → 4-C-3

3. The Hanoi Social Club
하노이 소셜 클럽 `OLD QUARTER`

1층부터 3층 옥상까지 분위기가 아늑하면서도 고급스럽다. 대부분의 손님이 외국인이며 한낮에도 오래도록 늘어져 앉아있고 싶어진다. 간단한 식사도 판매하고, 저녁에는 공연이 있는 날도 있어 언제 찾아도 좋은 곳이다.

TIP 저녁 공연은 보통 무료 관람이 가능하지만, 입장료를 별도로 지불해야 하는 날도 있다.

INFO
- Ⓐ 6Ngõ Hội Vũ, Hàng Bông, Hoàn Kiếm Ⓣ 024-3938-2117
- Ⓗ 08:00~23:00, 연중무휴 Ⓟ 히비커스 에이드 5만 동
- Ⓖ 21.029165, 105.846103 Ⓜ Map → 3-A-3

NIGHT LIFE : 뜨거운 하루의 마무리

EAT UP 8

Night Life :
뜨거운 하루의 마무리

빠르게 흘러가는 하노이에서의 나날을 붙잡고 싶을 때 찾으면 좋은 곳들을 소개한다. 맥주 한 잔으로 시원하게 뜨거웠던 하루를 마감해보자.

TIP
하노이 사람들은 전부 여기 모였나 싶을 정도로 주말엔 엄청난 인파가 맥주거리로 모여든다. 여행의 기분을 충분히 만끽할 수 있는 곳이기도 하다. 하지만, 지나친 음주로 문제가 생기는 경우도 상당히 많다. 음주 상태로 오토바이를 운전한다거나, 소지품을 분실하는 경우 등이다. 마지막까지 즐거운 여행을 위해 음주는 적당히 즐기자.

OLD QUARTER

2 Lantern Lounge
랜턴 라운지

한 번 기대어 앉으면 어찌나 편안한지 도저히 일어날 수 없게 만드는 좌식이 가장 매력적인 곳이다. 반쯤 누워 맥주를 마셔도 아무도 뭐라 할 사람이 없다. 오색의 화려한 전통 등까지 오묘한 분위기를 살려준다. 메뉴도 다양하여 저녁을 먹기에도 좋다.

OLD QUARTER

1 Beer Street
맥주거리

하노이 여행에서 하룻밤 정도는 이 골목에 꼭 들러보자. 목욕탕 의자에 두루 앉은 사람들이 사람들이 골목을 빼곡히 채우며 밤을 즐긴다. 가벼운 선술집부터, 클럽, 해산물 구이 집까지 입맛 따라 골라 즐길 수 있다. 주말 저녁은 정말 발 디딜 틈이 없이 사람들이 가득하다.

TIP
해피 벌룬, 웃음 가스라고 불리는 정체불명의 가스가 든 풍선을 판매하는 사람들이 종종 눈에 띄며, 여행자들에게 호객 행위를 한다. 하지만 국내에서는 아산화질소가 들어간 이 해피 벌룬을 환각 물질로 지정해 섭취 또는 흡입하는 사람들을 처벌하고 있다. 과하게 흡입하면 사망에 이를 수 도 있다고 하니 조심하자!

TIP
랜턴라운지의 유명한 것 중의 하나는 '시샤'라고 불리는 물담배다. 호기심에 도전해 보는 것은 좋으나 위생 관리가 철저한 편은 아니라고 하니 참고하자.

INFO
Ⓐ Tạ Hiện street, Hàng Buồm　Ⓗ 19:00시 이후, 연중무휴
Ⓖ 21.035179, 105.851995　Ⓜ Map → 3-B-2

INFO
Ⓐ 80Mã Mây, Hàng Buồm　Ⓣ 091-148-03-68
Ⓗ 08:00~24:00, 연중무휴　콘버터 5만 동
Ⓖ 21.034430, 105.853455　Ⓜ Map → 3-C-2

FRENCH QUARTER

 Tadioto Bar
3 타디오토 바

외관부터 심상치 않다. 스타일리쉬한 인테리어가 눈에 띄는 곳으로 커피, 맥주, 칵테일 등 음료와 간단한 식사류도 판매하고 있다. Moto-san Uber Noodle과 OZU by Tadioto도 함께 운영하고 있다. 모토산의 라멘을 타디오토 바에서 맛볼 수 있다는 매력이 있지만 가격이 1만 동으로 비싼 편이다.

INFO
Ⓐ 24 Tông Đản, Tràng Tiền, Hoàn Kiếm
Ⓣ 024-6680-9124 Ⓗ 08:00~24:00, 연중무휴
Ⓟ 사이공 비어 4만 5,000동
Ⓖ 21.025682, 105.857814 Ⓜ Map → 4-C-2

FRENCH QUARTER

 Binh Minh Jazz Club
4 빈민 재즈 클럽

베트남 재즈의 창시자이자 대가인 쿠옌반민 Quyen Van Minh 은 하노이에서 젊은 음악가들에게 재즈와 색소폰을 가르치며 빈민 재즈 클럽을 만들었다. 음료 및 주류의 가격이 다른 곳에 비해 조금 비싼 편이지만 매일 밤 라이브 재즈 연주를 들을 수 있는 황홀한 곳이다.

INFO
Ⓐ 1 Tràng Tiền, Phan Chu Trinh, Hoàn Kiếm Ⓗ 카페&레스토랑 08:00-16:00, 라이브 음악 21:00-23:00, 연중무휴 Ⓟ 하노이 비어 7만 5,000동
Ⓖ 21.024050, 105.858372 Ⓜ Map → 4-C-2

FRENCH QUARTER

 Bamboo Bar
5 뱀부 바

소피텔 레전드 메트로 폴 1층에 위치한 풀 사이드 바. 보기만 해도 시원한 수영장 앞의 야외 석부터 편안한 소파 자리까지 갖추고 있다. 하노이 물가 대비 다소 가격이 높은 편이지만, 친절한 서비스와 칵테일 한 잔을 곁들이기에는 최고의 분위기이다. 수영장은 숙박객만 이용할 수 있으니 참고하자.

INFO
Ⓐ 15 Phố Ngô Quyền, Tràng Tiền, Hoàn Kiếm Ⓗ 06:30~10:30 11:30~14:00 18:00~23:00, 연중 무휴 Ⓟ 민트 레몬 목테일 19만 동 (서비스 비용, 세금 별도)
Ⓖ 21.025394, 105.855924 Ⓜ Map → 4-C-2

TAY HO

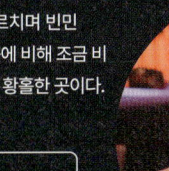 **Hanoi Rock City**
6 하노이 록 시티

이름은 록 시티 이지만 스윙, 재즈, 힙합 등 다양한 장르의 공연이 수시로 열리는 곳이다. SNS를 통해 공연 일정을 미리 확인할 수 있다. 보통 주말 밤에 공연이 많이 열리며, 입장료는 공연에 따라 다르니 참고하자. 하노이에서 신나는 공연과 함께 뜨거운 밤을 보내고 싶다면 추천.

INFO
Ⓐ 27 Ngõ 52 Tô Ngọc Vân, Quảng An, Tây Hồ Ⓣ 091-351-53-51
Ⓗ 09:30-22:00, 공연에 따라 입장료 및 마감 시간 상이, 연중무휴
Ⓟ 생맥주 4만 동 Ⓖ 21.069637, 105.823497 Ⓜ Map → 5-B-1

SPOTS TO GO TO

베트남의 역사가 녹아 있는 장소부터 현대 예술 공간까지, 하노이를 여행하는 방법은 무궁무진하다.
하노이의 다양한 면모를 보여주는 공간들을 주제에 따라 만나보자.

Hidden Gem Coffee 히든 젬 커피

01

HISTORICAL TOURS IN VIETNAM : 지나온 시간을 따라, 베트남 역사 탐방

02

THE ART OF HANOI : 하노이에서 꽃피운 예술

03

LAKES OF HANOI : 하노이의 호수들

[THEME]

HANOI STREET TRAIN : 로컬의 일상, 기찻길 마을

[THEME]

ONEDAY TOUR : 하노이 원데이 투어

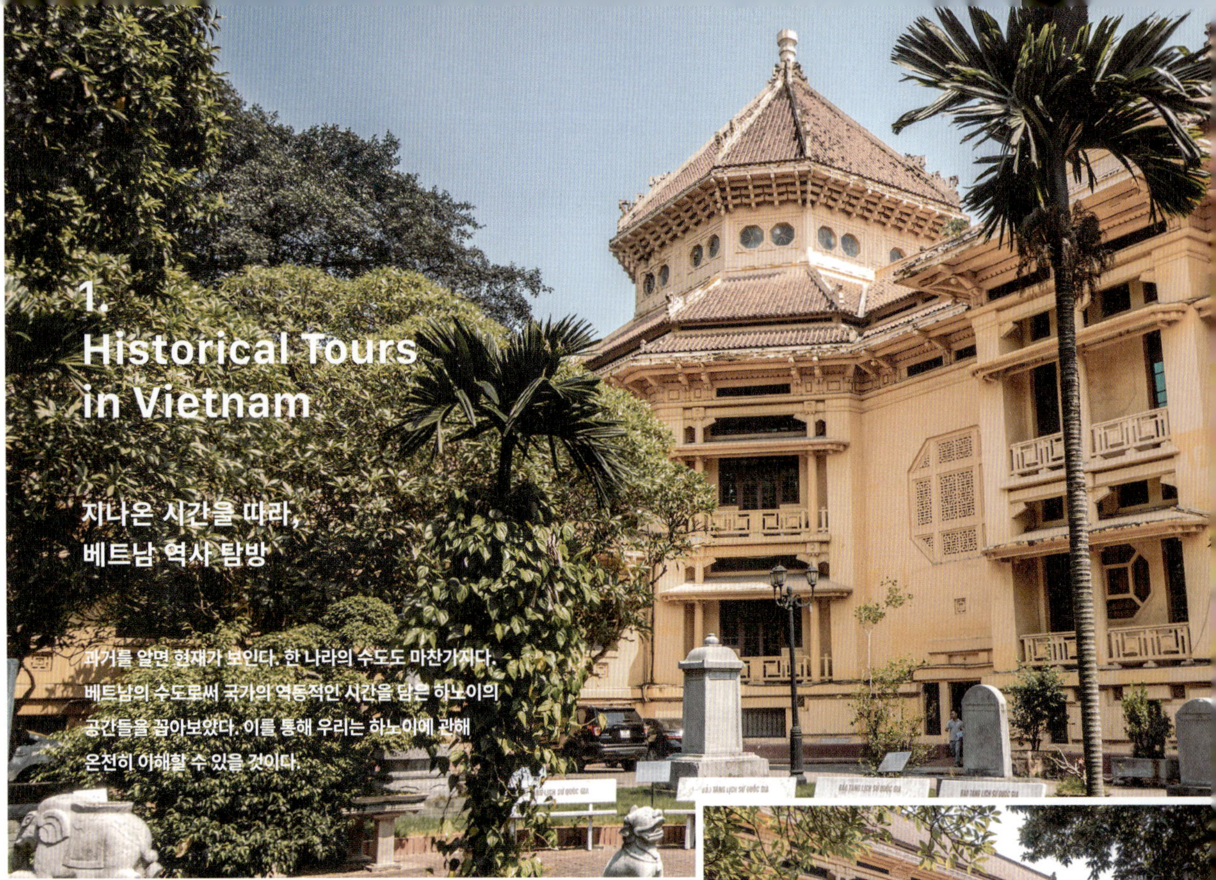

1. Historical Tours in Vietnam

지나온 시간을 따라,
베트남 역사 탐방

과거를 알면 현재가 보인다. 한 나라의 수도도 마찬가지다. 베트남의 수도로써 국가의 역동적인 시간을 담은 하노이의 공간들을 꼽아보았다. 이를 통해 우리는 하노이에 관해 온전히 이해할 수 있을 것이다.

French Quarter

Di tích Lịch sử Nhà tù Hỏa Lò

호아 로 수용소

프랑스인들에게 중앙형무소라는 뜻의 '메종 상트랄 maison centrale'이라고 불렸던 수용소. 이곳은 원래 화로를 제조하는 곳 위에 지어졌다. 때문에 베트남인들은 화로라는 뜻의 '호아 로'라고 부르기 시작했다. 프랑스 식민시절에는 이곳에 베트남 독립투사 및 정치범들을 수용했고, 독립 후 베트남 전쟁 때에는 미군 포로들을 수용하는 곳으로 사용되었다. 고문과 학대가 자행되었던 감옥의 모습을 볼 수 있으며, 족쇄를 차고 수용된 실물 사람 모형과 사형수들이 탈출한 지하 하수도 등 베트남의 아픈 역사를 생생히 느껴볼 수 있는 곳이다.

Ⓐ Hoả Lò, Trần Hưng Đạo, Hoàn Kiếm Ⓣ 024-3934-2253 Ⓗ 08:00~17:00, 연중무휴
Ⓟ 입장료 3만 동 Ⓖ 21.025262, 105.846349 Ⓜ Map → 4-A-2

French Quarter

Bảo Tàng Lịch Sử Quốc Gia

국립 베트남 역사 박물관

베트남의 길고 긴 역사는 외세의 침입과 방어의 반복으로 이루어져 있다. 그 과정 속에서 수많은 변화가 일어난 곳이다. 국립 베트남 역사 박물관에서는 그 변화들을 한눈에 볼 수 있다. 국가의 선사 시대부터 현재까지 역사의 흐름을 정리해둔 것. 동서양의 건축 양식이 훌륭한 조화를 이루는 건물에 약 20여만 개의 물품을 보유하고 있다. 두 개의 건물에 시대별 베트남 역사가 나뉘어 전시되고 있다.

Ⓐ 1 Tràng Tiền, Phan Chu Trinh, Hoàn Kiếm Ⓣ 024-3825-2853
Ⓗ 08:00~17:00(12:00~13:30 휴식 시간) 매달 첫 번째 월요일 휴무
Ⓟ 입장료 4만 동 Ⓖ 21.024339, 105.859868 Ⓜ Map → 4-C-2

Tay Ho

Bảo tàng Lịch sử Quân sự Việt Nam

베트남 군 역사 박물관

높이 30m가 넘는 깃발 탑이 멀리서도 한눈에 띄는 곳. 1956년 7월 개관한 베트남 군 역사 박물관은 6개의 국립박물관 중의 하나이다. 베트남 국민의 자긍심인 디엔비엔푸 전투에 사용되었던 비행기의 잔해와 베트남 전쟁 등에서 실제로 사용되었던 포 등이 전시되어 있다. 베트남의 전쟁 역사, 민족 해방의 역사를 실제 유물을 통해 들여다볼 수 있는 곳이다.

Ⓐ 28A Điện Biên Phủ, Điện Bàn, Ba Đình. Ⓣ 024-6253-1367 Ⓗ 08:00~16:30(11:30~13:00 휴식 시간) 월요일~금요일 휴무 Ⓟ 입장료 4만 동 Ⓖ 21.032273, 105.840304 Ⓜ Map → 5-C-4

Nhà sàn Bác Hồ 호찌민 관저

Tay Ho

Di tích Lịch sử Nhà tù Hỏa Lò

베트남의 영웅, 호찌민의 삶

호찌민은 베트남을 프랑스의 식민 지배에서 벗어나게 한 혁명가로, 국민들의 열렬한 지지를 받는 영웅이다. 베트남의 오랜 수도였던 하노이에는 호찌민이 국가를 위해 힘썼던 흔적들이 그대로 남아 있다.

> **Plus.**
> 호찌민 (1890.5.19~1969.9.3)
> 베트남 민족운동 지도자로
> 베트남 독립의 아버지라 불린다.
> 프랑스로부터 항전해 국가의 독립을
> 이뤄내는데 큰 공을 세웠고 1945년
> 2월 베트남민주공화국의 독립을
> 선언한 후, 정부 주석을 취임하였다.

a. Ho Chi Minh Mausoleum & Quảng trường Ba Đình
호찌민 묘 & 바딘 광장

베트남 전쟁이 끝난 이후 건축을 시작해 약 2년의 공사 끝에 개관한 호찌민 묘. 호찌민의 시신이 방부처리되어 안치되어 있다.

Ⓐ 25 Hùng Vương, Điện Biên, Ba Đình Ⓣ 024-3845-5128 Ⓗ 08:00~10:30 / 월요일·금요일 휴무 (9~11월 미운영) Ⓟ 입장료 없음 Ⓡ 민소매, 짧은 옷, 슬리퍼 입장 불가 음료수, 물 반입 금지 Ⓖ 21.036762, 105.834635 Ⓜ Map → 5-C-3

b. Văn phòng Chủ tịch nước 주석궁

프랑스가 베트남을 식민 통치하던 시절 프랑스 총독부였으며 베트남의 독립 이후부터는 주석궁으로 사용하고 있다. 그러나 호치민의 경우 주석궁 뒤쪽에 소박한 공간을 집무실로 사용했다.

Ⓐ 2 Hùng Vương, Ngọc Hà, Ba Đình Ⓗ 여름 07:30~11:00, 13:30~16:00 / 겨울 08:00~11:00, 13:30~16:00 / 월요일·금요일 휴무 Ⓟ 입장료 4만 동 (호찌민 생가 포함) Ⓡ 민소매, 짧은 옷, 슬리퍼 입장 불가 음료수, 물 반입 금지 Ⓖ 21.039273, 105.834586 Ⓜ Map → 5-C-3

c. Ho Chi Minh Museum 호찌민 박물관

호찌민 탄생 100주년을 맞아 1990년에 문을 연 박물관이다. 호찌민의 생애와 베트남 혁명에 관한 다양한 전시물이 가득하다.

Ⓐ 19 Ngách 158/19 Ngọc Hà, Đội Cấn, Ba Đình Ⓣ 043-846-3757 Ⓗ 화·수·목·토·일 08:00~12:00, 14:00~16:30 / 월·금 08:00~12:00 연중무휴 Ⓟ 입장료 4만 동 Ⓖ 21.035302, 105.832850 Ⓜ Map → 5-C-3

2.
The Art of Hanoi

하노이에서
꽃피운 예술

자의든 타의든 서양문화 교류할 접점이 많았던
하노이에는 다른 아시아권 나라에 비해
예술적 성취가 이르게 찾아왔다.
때문에 하노이에서는 이곳만의 예술을 담은
공간을 쉽게 접할 수 있다. 골목 구석구석에
보석 같이 숨어 있는 공간들을 만나보자!

Tip.

하노이 식스티 스퀘어 건물에 들어가기 위해선
입구에서 안쪽으로 들어가야 한다. 입구에
위치한 건물은 별개의 건물이니 혼동하지 말 것.

PROFILE

Minh

Ⓝ 밍 Ⓙ Quán cẩm 카페 오너

Plus.

멋진 목소리와 기타로 베트남 음악을 연주하는 밍은 하노이
식스티 스퀘어의 초석을 닦은 장본인이다. 이 아름다운
건물을 밍의 친구가 렌트해 각 공간을 책임질 사람들을
모았다. 필름 현상을 하는 친구, 카페를 운영할 친구, 빈티지
가게와 타투 숍을 운영할 친구가 모여 작은 아티스트 공간이
만들어졌다고 한다. 그는 관광객들이 즐겨 찾는 지역들은
월세가 나날이 오르고 있어 중심부에서 벗어나오게
되었다는 조금은 슬픈 이야기를 들려주었다. 그러나
자신이 사랑하는 하노이 곳곳을 소개해주는 그의 표정에는
하노이에 대한 애정이 듬뿍 담겨 있었다.

Ⓐ 60 ngõ Thổ Quan, Khâm Thiên Đống Đa
Ⓗ 09:00~21:00, 연중무휴
Ⓖ 21.017256, 105.833312 Ⓜ Map → 6-C-2

Dong Da

Hà Nội 60s 하노이 식스티 스퀘어

프랑스 식민시절 프랑스인들이 거주했던 주택을 그대로 살려 복합 공간을
만들었다. 필름 판매와 인화를 전문점, 바이크 전문점. 빈티지 숍, 카페, 타투
숍 등이 함께 모여 있다. 오래된 프랑스식 건물은 공간 구석구석 세월의 흔적
이 느껴진다. 바랜 모습 그대로 남겨 두어 더 빛을 발한다. 특히, 2층 구석에
간판도 없이 위치한 Quán cẩm 카페는 아늑하고 편안한 분위기로 발걸음
을 잠시 쉬어가기 좋다.

하 노이 60s 하노이 식스티 스퀘어

| Tay Ho |

Vietnam Fine Arts Museum

하노이 미술관

프랑스 식민 시절 당시 공보부 청사로 사용했던 건물이 하노이를 대표하는 미술관이 되었다. 이곳에서는 그림, 칠기, 조각, 도자기 등의 다양한 작품들이 시대별로 전시되어 있다. 고풍스럽고 보존이 잘된 건물은 굉장히 멋스럽지만, 관광객으로 북적거리진 않는다. 여유로운 관람이 가능한 것 또한 큰 장점이다.

Ⓐ 66 Nguyễn Thái Học, Điện Biên, Ba Đình Ⓣ 024-3733-2131
Ⓗ 08:30~17:00 월요일 휴무
Ⓟ 입장료 4만 동
Ⓖ 21.030195, 105.836883
Ⓜ Map → 5-C-4

| Old Quarter |

Thang Long Art Gallery 탕롱 아트 갤러리

이곳은 유명한 기성 작가들뿐만 아니라 젊은 작가들의 작품도 쉽게 만날 수 있다. 이곳의 설립자는 다양한 전시회를 개최하며 전시 주제에 맞는 신인 작가들 찾아 참여하게 한다. 때문에 이곳에서는 참신하고 개성 있는 작품을 볼 수 있으며, 베트남 현대 미술에 있어 신인의 등용문 같은 역할을 하고 있다.

Ⓐ 41 Hàng Gai Ⓣ 043-825-0740
Ⓗ 08:00~18:00, 연중무휴
Ⓖ 21.032141, 105.850446
Ⓜ Map → 3-B-3

| Old Quarter |

Apricot Gallery 아프리콧 갤러리

올드쿼터의 항가이 Hàng Gai 골목에는 베트남 예술가들의 작품을 전시, 판매하고 있는 갤러리들이 밀집돼 있다. 그중 아프리콧 갤러리는 큰 규모의 갤러리로, 전시하는 작품의 수도 꽤 많다. 작품을 구경할 뿐만 아니라 구매도 가능하다.

Ⓐ 40 Hàng Bông, Hàng Gai
Ⓣ 043-828-7304
Ⓗ 10:00~18:00 / 연중무휴
Ⓖ 21.030808, 105.847974
Ⓜ Map → 3-B-3

PERFORMING ARTS IN HANOI

Nhà hát Múa rối nước Thăng Long 탕롱 수상 인형 극장

발아래에 받침대가 달린 인형을 긴 대나무나 끈으로 연결해 장막 뒤에서 조종하면서 인형극을 펼친다. 물 위에서 연기를 펼치는 인형들과 현장에서 직접 연주하는 베트남 전통 음악을 함께 들을 수 있는 베트남 전통 인형극이다.

Ⓐ 57 b Đinh Tiên Hoàng, Lý Thái Tổ, Hoàn Kiếm Ⓣ 043-824-9494 Ⓗ 공연시간(여름) 16:10 17:20 18:30 20:00 (겨울) 15:00 16:10 17:20 18:30 20:00 21:15 (일요일) 09:30
Ⓟ 입장료 10만 동 어린이 6만 동 Ⓖ 21.031747, 105.853572 Ⓜ Map → 3-C-3

Nhà hát lớn Hà Nội 하노이 오페라 하우스 랑토이 쇼

오페라 극장이지만 오페라 공연만 하는 곳은 아니다. 이곳에서 유명한 것은 베트남 고유의 서커스 공연인 랑토이 쇼이다. 베트남 북부의 작은 마을의 삶을 표현하는 공연으로 대나무를 활용해 보여주는 화려한 묘기가 인상적이다.

Ⓐ 01 Tràng Tiền Ⓣ 024-3933-0113 Ⓗ 공연별 오픈 시간 상이, 공연 시에만 내부 오픈
Ⓖ 21.024280, 105.857447 Ⓜ Map → 4-C-2

3. LAKES OF HANOI

하노이의 호수들

300개 이상의 호수를 품고 있어 호수의 도시라 불리는 하노이. 때문에 이곳 시민들의 일상에는 호수가 함께한다. 복잡한 도심 속에서 한 박자 쉬어가는 여유를 선사하는 하노이의 호수들을 만나보았다.

PROFILE

Naten

Ⓝ 네이튼   Ⓙ 프리랜서 카피라이터

Plus. 하노이안 인터뷰

하노이에서는 얼마나 사셨나요?
전 하노이에서 태어났고 하노이에서 쭉 살아온 로컬 그 자체입니다.

호안끼엠은 하노이 사람들에게 어떤 의미인가요?
호안끼엠은 하노이의 중심이라고 할 수 있어요. 심장이죠. 많은 사람들이 주말 저녁엔 호안끼엠으로 나와요. 여러 가지 액티비티도 즐기고 사람들을 만나고 대화도 하는 곳이지요. 하지만 단순히 번화가만은 아니에요. 주변은 역사적으로도 굉장한 의미가 있는 곳이고 대부분의 모든 하노이 사람들에게도 특별한 곳일 거라 생각해요.

호안끼엠 호수의 역사에 대해 이야기해 줄 수 있나요?
호안끼엠은 '검을 돌려주다' 라는 뜻을 가진 베트남어예요. 레로이 왕이 호수 근처의 거북이에게 받은 검으로 명나라를 물리치고 승리하게 되었다는 역사를 품고 있어요. 왕이 승전보를 알리기 위해 호숫가에 왔을 때 거북이가 그 검을 다시 가지고 갔다는 이야기를 알고 있어요. 아마 저 말고 여기 모인 모든 하노이안이 그 전설을 알고 있을 거에요.

Old Quarter

Hồ Hoàn Kiếm

호안끼엠 호수

Ⓖ 21.028805, 105.852150
Ⓜ Map → 3-B-3

하노이의 가장 대표적인 호수이며, 하노이의 중심이다. 이 도시의 공간들은 모두 이 호수를 기준으로 설명된다. 아침에는 운동하는 시민들로, 저녁에는 산책하는 시민들로 가득하다. 특히, 주말에는 호안끼엠 호수 주변 도로의 차량을 전면 통제하고 시민들을 위한 공간으로 개방해 엄청난 수의 시민들이 이곳에서 여유롭게 저녁 시간을 보내는 광경을 볼 수 있다. 또한, 전기차로 호수 주변부터 올드쿼터 주변 시내를 둘러볼 수 있다.

Tripful ─── SPOTS TO GO TO

CAFE
Around DONG DA LAKE

Cà Phê 1404 카페 1404

빈티지한 외관이 매력적인 카페. 주인은 영어를 한 마디도 구사하지 못하지만 영어 메뉴를 갖추고 있다. 호수 건너편 콩카페가 사람들로 북적인다면, 이곳은 커피 한 잔하며 조용하게 호수를 바라보기 좋다.

Ⓐ 32MaiAnhTuấn, Ô Chợ Dừa, Đống Đa Ⓣ 091-946-72-21 Ⓗ 08:00~22:00, 연중무휴 Ⓟ 카페 쓰어다 2만 5,000동 Ⓖ 21.018578, 105.822541 Ⓜ Map → 6-B-2

Cong Caphe 콩카페

명불허전 설명이 필요 없는 베트남 대표 커피 전문점 콩카페. 3층 야외 좌석에 앉으면 동다 호수를 조망할 수 있다. 타 지점보다 다양한 종류의 콩카페 전용 굿즈를 구비해 두고 있어 법랑 그릇, 콩카페 티셔츠나 모자를 구매하기 좋다.

Ⓐ 101Hoàng Cầu Mới, Ô Chợ Dừa, Đống Đa, Ⓣ 091-181-11-25 Ⓗ 07:00~23:30, 연중무휴 Ⓟ 코코넛 스무디 4만 5,000동 Ⓖ 21.016194, 105.822712 Ⓜ Map → 6-B-2

Attic-Quán Âu homemade 아틱

빨간 문으로 들어서면 넓고 쾌적한 공간이 한눈에 들어온다. 주인의 인테리어 감각이 굉장히 돋보이는 곳. 가볍게 들려 브런치를 즐기기에도 오후 느지막이 호수를 산책하고 들려 저녁을 먹기에도 그만.

Ⓐ 68AHoàng Cầu Mới, Ô Chợ Dừa Ⓣ 024-3513-3636 Ⓗ 11:00~14:00, 17:00~22:00, 연중무휴 Ⓟ 크리미 호박 수프 3만 5,000동 Ⓖ 21.016157, 105.821353 Ⓜ Map → 6-B-2

Dong Da
Đống Đa lake 동다 호수

Ⓖ 21.018007, 105.821146 Ⓜ Map → 6-B-2

동다 호수 주변을 걷다 보면 도심 한곳에서 낚시를 즐기는 낚시꾼들, 호숫가 카페에 앉아 여유로운 오후를 즐기는 하노이 시민들을 만날 수 있다. 호수 주변에서 볼 수 있는 이국적인 느낌의 길거리 이발소 또한 이색적인 볼거리! 더불어 동다 호수 주변으로는 호수를 바라보며 여유로운 시간을 보낼 수 있는 카페들이 많이 자리하고 있다.

Dong Da
Xã Đàn lake 사단 호수

Ⓖ 21.012509, 105.830882 Ⓜ Map → 6-C-3

호수의 규모는 작은 편이지만 진짜 로컬들의 모습을 가장 자연스럽게 볼 수 있는 호수이다. 입구에는 호숫가를 주변으로 카페가 10여 곳 들어서 있고, 쓰어다와 짜다를 즐기는 하노이 시민들로 가득하다. 안쪽으로 더 걸음을 옮겨보면 작은 공원을 주변으로 동네 주민들이 산책과 가벼운 운동을 즐기며 삼삼오오 이야기꽃을 피우고 있다.

Tip.
수려한 풍경, 눈에 띄는 화려한 볼거리를 기대하고 절대 사단 호수를 찾지 말자. 가벼운 산책을 즐기기 좋은 곳이다.

Tay Ho
Tây Hồ 서호

Ⓖ 21.053398, 105.826073 Ⓜ Map → 3-B-2

하노이에서 가장 큰 호수. 항상 사람들로 북적거리는 호안끼엠 호수와 달리 한적하고 조용한 분위기이다. 덕분에 하노이 시민들의 휴식처로 사랑받고 있다. 산책하거나 자전거를 타며 여유를 즐기는 사람들을 쉽게 볼 수 있다. 주변에는 오래된 사원과 역사적으로 의미 있는 공간들이 자리 잡고 있어 함께 둘러보기에 좋다.

HANOI STREET TRAIN

로컬의 일상, 기찻길 마을

'여행은 살아보는 것'이라는 어느 숙박 서비스의 슬로건처럼 현지 사람들의 삶과 문화를 체험하고자 하는 이들이 늘어나고 있다. 기찻길 마을은 로컬 삶을 담은 대표적인 여행지로 꼽히며, 많은 관광객들이 찾았다. 현재는 안전상의 문제로 출입이 통제되고 있지만, 이색적인 카페들이 자리 잡은 근처 골목에서 오래된 기찻길의 정취와 로컬의 일상을 엿볼 수 있다.

Ⓐ 5 Trần Phú, Hàng Bông, Hoàn Kiếm
Ⓖ 21.030122, 105.844032　Ⓜ Map → 3-A-3

평범한 동네가 관광지가 되기까지

누군가의 일상

누군가의 여행지는 누군가의 일상 속 장소이다. 전세계의 여행객들이 모이는 하노이 또한 일상을 살아내는 이들의 것이기도 하다. 기찻길 마을 그런 의미에서 주목할 곳이다. 틈 하나 없이 옹기종기 줄지어 서 있는 작은 주택들. 롱비엔 다리를 지나 하노이 시내를 통과하는 철도를 가운데 두고 마주본 채 형성된 마을은, 그 주택의 외관에서 유추할 수 있듯이 오랜 시간 하노이 시민들의 평범한 하루하루가 쌓여 있는 곳이다. 다만 누군가에게는 일상적인 풍경이 누군가에게는 이색적인 풍경으로 다가갔을 뿐.

최근 이곳은 기찻길 마을로 불리며 많은 이가 찾는 관광지가 되었다. 더불어 낮은 주택가 사이사이로 작은 카페와 의류, 기념품 등을 판매하는 상점들이 하나둘 생겨났다. 조용했던 마을에는 활기가 돌고, 다양한 경제활동이 이루어지기 시작했다.
그러나 너무 많은 사람들이 몰렸던 것이 문제였을까. 인증샷을 찍기 위해 선로를 넘나드는 사람들, 선로 옆에 아슬아슬하게 자리 잡은 상점들과 의자들은 위험한 상황을 연출했다. 이에 2019년 10월, 기찻길마을은 출입 통제와 상점 철거를 실행하기 시작했다. 때문에 예전처럼 자유롭게 기찻길에서 사진을 찍고 시간을 보내기 어려운 상황이다. 대신 근처 골목에서 기찻길 마을의 풍경과 분위기를 즐길 수 있다.

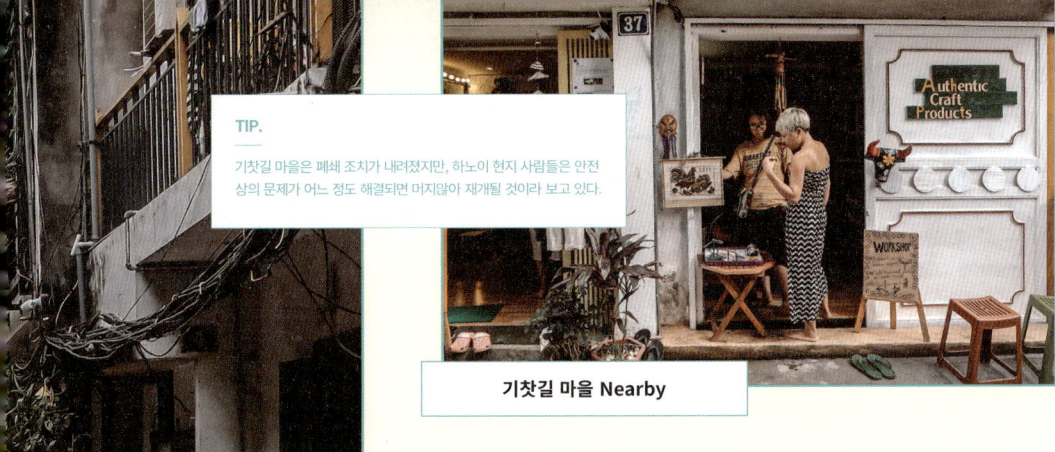

> **TIP.**
> 기찻길 마을은 폐쇄 조치가 내려졌지만, 하노이 현지 사람들은 안전상의 문제가 어느 정도 해결되면 머지않아 재개될 것이라 보고 있다.

기찻길 마을 Nearby

기찻길 마을 옆, 나란히 이어지는 Tống Duy Tân 골목에는 분위기 좋은 카페와 가게가 들어서 있다. 이제 더 이상 기찻길 마을에 출입하기 쉽지 않지만, 이곳에서 한가로운 분위기를 만끽하며 시간을 보내도 아쉽지 않을 것이다.

Vui Studio Cafe 부이 스튜디오 카페

스튜디오 겸 카페로 판매 중인 소품들과 함께 모던한 인테리어가 눈에 띈다. 공간을 둘러보며 향 좋은 커피를 맛보다 보면 시간이 훌쩍 흘러 있다.

Ⓐ 3cTống Duy Tân, SHàng Bông Ⓣ 090-212-12-09
Ⓗ 08:00~23:00, 연중무휴 Ⓟ 라떼 4만 5,000동
Ⓖ 21.029683, 105.844038 Ⓜ Map → 3-A-3

Xofa Café 소파 카페

24시간 영업하는 카페. 건물을 뒤덮은 담쟁이 덩굴이 인상적이다. 빈티지한 인테리어로 편안하고 아늑하다. 간단한 식사도 할 수 있으며, 편안한 분위기의 실내가 인상적이다. 매장에서 직접 굽는 베이커리와 다양한 종류의 음료가 매력적이다.

Ⓐ 14, Tống Duy Tân, Hàng Bông, Hoàn Kiếm
Ⓣ 024-3717-1555 Ⓗ 24시간 영업, 연중무휴
Ⓟ 오렌지 셰이크 6만 동 Ⓖ 21.029388, 105.843598
Ⓜ Map → 3-A-3

Puku Cafe & Bar 푸쿠 카페 앤 바

큰 규모의 공간에 구비된 좌석도 많은 푸쿠카페는 24시간 영업하는 곳이다. 현재는 기찻길 마을을 방문했던 이들이 들르는 분위기 좋은 카페로 알려져 있지만, 사실은 스포츠 경기를 보며 커피나 술을 마시는 공간이다. 좌석간의 간격도 넓고 아늑한 분위기라 편안히 휴식을 취하기에 좋다.

Ⓐ 16-18 Tống Duy Tân, Hàng Bông, Hoàn Kiếm Ⓣ 024-3938-1745
Ⓗ 24시간 영업, 연중무휴 Ⓟ 코코넛커피 5만 5,000동
Ⓖ 21.029473, 105.843573 Ⓜ Map → 3-A-3

THEME

HANOI ONEDAY TOUR

하노이 원데이 투어

짧은 휴가로 떠나온 짧은 여행. 하노이 시내와 하노이 인근 도시를 조금 특별하게 즐기고 싶다면 일일 투어에 참여해 보자. 전 세계에서 모인 여행자들과 함께 떠나는 먹방, 짧은 휴가지만 유네스코 세계 문화유산을 둘러보는 땀꼭과 짱안, 그리고 하롱베이를 각각 하루만에 만나볼 수 있다.

> **TIP.**
> 올드쿼터 주변에는 수백 개의 투어샵이 있다. 베트남 투어샵계의 대모인 신투어를 표방하는 가짜 가게들이 너도나도 신투어, 신투어리스트 라는 이름으로 간판을 내걸고 영업 중. 무조건 신투어를 고집할 필요는 없다. 신투어에서 예약을 한다고 신투어만의 투어가 운행이 되는 것은 아니다. 다만 정찰제로 운영 중이라는 점에서 신뢰할 수 있는 건 사실이다.

HANOI

Free Local Tour 프리 로컬 투어

뻔하고 비싼 가이드 투어는 가라. 여기 현지에 거주 중인 학생과 함께하는 생생한 지역 가이드 투어가 있다. 심지어 무료. 하노이에 거주 중인 대학생 중, 영어, 한국어, 일어, 스페인어 등 다양한 언어를 구사할 수 있는 학생들과 함께 직접 올드쿼터를 누비며 생생한 하노이를 만날 수 있다. 자원봉사자들로 구성된 이 그룹은 홈페이지를 통해 사전 예약 시 무료 가이드 투어를 제공한다.

홈페이지를 통해 예약 가능   Ⓤ hanoifreelocaltours.com   Ⓣ 0965-192-251   Ⓟ 무료

Hà Nội

NINH BINH

Hoa lu & Tam coc tour

호아루 & 땀꼭 투어

육지의 하롱베이라 불리는 닌빈의 땀꼭과 짱안. 하노이에서 하롱베이보다 가까워 최근 찾는 여행자들이 증가하고 있다. 땀꼭과 차로 10분 정도 떨어진 호아루를 간단하게 둘러보고 점심식사 후 땀꼭으로 이동하는 코스. 땀꼭에 도착 후 자전거로 30분 정도 땀꼭을 둘러볼 수 있는데 풍경이 정말 예쁘고 평화로워 날씨가 다소 덥더라도 꼭 한번 둘러보길 추천한다. 뱃사공이 노를 젓는 보트를 타고 약 두 시간 동안 3개의 동굴을 지나며 땀꼭을 둘러보고 일정은 마무리된다.

Hoa Lư & Tam Cốc

신투어 사무실 및 홈페이지에서 예약 가능   Ⓤ www.thesinhtourist.vn   Ⓐ 1 사무실 64 Tran Nhat Duat St, 2 사무실 52 Luong Ngoc Quyen St. Hoan Kiem   Ⓟ 1인당 66만 9,000동 (뱃사공 팁 별도)

NINH BINH

Bai dinh & Trang an tour

바이딘 & 짱안 투어

베트남에서 가장 큰 청동 불상이 있으며 높이 10m, 무게 100톤의 큰 탑이 있는 사원인 바이딘 사원을 거쳐 점심식사 후 짱안을 둘러보는 코스다. 베트남 최초로 유네스코 세계 문화유산에 등재된 곳으로 땀꼭보다 더 넓고 긴 코스를 자랑한다. 3시간여 동안 약 10곳의 동굴을 둘러보며 보트 투어를 하는데 짱안과 땀꼭의 차이점은 자전거 투어의 유무와 동굴의 개수, 보트에 탑승하는 시간 등이다. 석회암 절벽과 동굴을 더 오래 즐기고 싶은 여행자라면 짱안을 선택하는 것이 좋다.

신투어 사무실 및 홈페이지에서 예약 가능 U www.thesinhtourist.vn
Ⓐ 1 사무실 64 Tran Nhat Duat St, 2 사무실 52 Luong Ngoc Quyen St. Hoan Kiem Ⓟ 1인당 66만 9,000동 (뱃사공 팁 별도)

QUANG NINH

Halong bay tour

하롱베이 투어

3000여 개의 크고 작은 섬으로 이루어져 있으며, 에메랄드빛 바다, 석회암의 절벽으로 절경을 이루고 있는 하롱베이. 배를 타고 식사 및 해안을 둘러보며 카약이나 보트로 동굴을 둘러보게 구성된 당일 투어와, 식사 및 호텔의 시설이 모두 갖춰진 크루즈에서 다양한 액티비티를 포함, 하룻밤 머물고 오는 1박 2일 투어가 가장 유명하다. 다만 당일 투어는 왕복 6시간이 하롱베이와 하노이 이동에 소요되어 정작 하롱베이에서 머물 수 있는 시간은 서너 시간에 불과해 추천하는 이는 많지 않다. 크루즈에서 1박을 하며 하롱베이를 여유롭게 둘러보는 크루즈 여행이 조금 더 여유롭다.

신투어 사무실 및 홈페이지에서 예약 가능 U www.thesinhtourist.vn
Ⓐ 1 사무실 64 Tran Nhat Duat St, 2 사무실 52 Luong Ngoc Quyen St. Hoan Kiem
Ⓟ 당일 투어 1인당 79만 9,000동, 1박 2일 투어 256만 9,000동 (크루즈 컨디션에 따라 천차만별)

MUST CHECK.

땀꼭과 짱안으로 원데이 투어를 떠날 여행자라면 뱃놀이를 하는 동안 뜨거운 햇볕을 가려줄 도구를 무조건 준비하자. 챙 넓은 모자, 양산, 큰 우산도 좋다. 뒷목과 다리를 가려줄 큰 사이즈의 손수건, 미니 선풍기까지 구비한다면 당신은 센스만점!

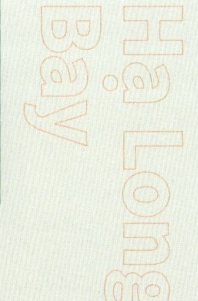

LIFESTYLE & SHOPPING

질 좋고 저렴한 수공예품부터 세련된 인테리어 제품, 하노이 전통의 것을 재해석한 상품까지.
하노이를 기념할만한 것은 다양하다. 자신의 취향에 맞게 떠나보자!

01
LIFESTYLE SHOP : 일상을 엿보다, 라이프스타일 숍

02
CREATIVE SHOP : 개성을 찾아, 수공예 숍

03
TRADITIONAL SHOP : 본연의 베트남, 전통을 담은 가게

04
SOUVENIR SHOP : 하노이에서의 기억, 기념품 숍

05
SHOPPING LIST : 하노이 필수 쇼핑 리스트

06
SHOPPING MALL : 한 번에 골라보자, 하노이 쇼핑몰

【THEME】
MASSAGE&NAIL ART : 호사로운 시간, 마사지&네일아트

【THEME】
LOCAL MARKET : 시장에 가면

a.

`OLD QUARTER`

Collective Memory 콜렉티브 메모리

Ⓐ 20 Nha Chung, Hàng Trống Ⓣ 098-647-42-43
Ⓗ 09:00~22:00, 연중무휴 Ⓖ 21.028240, 105.849713 Ⓜ Map → 3-B-4

`OLD QUARTER`

DragonFly 드래곤플라이

b.

Ⓐ 10 Tô Tịch, Hoàn Kiếm
Ⓣ 043-828-5532
Ⓗ 08:00~18:00, 연중무휴
Ⓖ 21.030313, 105.849814
Ⓜ Map → 3-B-3

`TAY HO`

Clom's Closet 클롬스 클로젯

Ⓐ 31 Xuân Diệu, Quảng An Ⓗ 09:00~19:00, 연중무휴
Ⓖ 21.062970, 105.829205 Ⓜ Map → 5-B-2

c.

Lifestyle Shop

일상을 엿보다, 라이프스타일 숍

하노이 사람들의 라이프스타일을 책임지는 가게들을 만나보자. 의류부터 주방 소품, 가구까지, 구경으로 시작했지만 자꾸 지갑에 손이 가는 건 어쩔 수 없다.

ⓐ 인테리어 소품, 의류 등을 판매하는 멀티숍. 규모가 작은 공간에는 다양한 종류의 상품들이 빼곡히 채우고 있다. 직접 제작한 상품부터 큐레이션 한 소품들까지, 주인장의 감각이 엿보이는 공간이다.

ⓑ 고운 색의 그릇들이 눈길을 사로잡는 곳. 식기류를 비롯해 직접 깎아 만든 커트러리와 모빌이 예쁘게 진열돼 있고, 가격 또한 합리적이다.

ⓒ 여성스럽고 심플한 디자인을 기본으로 맞춤형 의상 제작을 해주는 곳이다. 매장에서 직접 원단, 디자인, 부자재 등을 골라 개인의 치수에 맞춰 주문할 수 있다. 재킷, 원피스, 스커트 외 베트남 전통의상인 아오자이도 주문

`TAY HO`

Bookworm 북웜

Ⓐ 44, Châu Long, Quận Ba Đình, Trúc Bạch, Ba Đình
Ⓣ 043-715-3711 Ⓗ 09:00~19:00, 연중무휴
Ⓖ 21.045054, 105.842328 Ⓜ Map → 5-C-3

d.

(LIFESTYLE : LIFESTYLE SHOP)

The Dreamers a 더 드리머스

가능하다. 일본인 오너가 디자인한 기성 의류도 함께 판매한다.

ⓓ 깊은 골목에 위치한 귀여운 가게. 2001년 시작한 서적 교환 프로그램이 중고 서적을 매입, 판매하는 공간으로 발전했다. 소설, 수필, 여행, 예술 등 다양한 분야의 도서를 1만 권 이상 보유하고 있으며, 베트남 서적뿐만 아니라 영어로 된 서적도 다량 보유하고 있다.

ⓔ 자체 생산하는 의류와 인테리어 소품을 판매한다. 가격대가 저렴하진 않지만 퀄리티가 좋아 지갑을 열게 한다. 예쁜 가로수 길에 있어 산책 겸 둘러보면 좋다.

ⓕ 프랑스인 디자이너와 직접 가구를 만드는 베트남인 오너가 만든 인테리어 회사의 쇼룸이다. 직접 디자인한 가구를 제작하고, 화병, 시계, 바구니, 식기류 등 다양한 인테리어 소품 또한 제작 및 판매하고 있다. 목재, 황동, 세라믹 등을 다루는 장인들이 직접 만드는 핸드메이드 소품들을 볼 수 있다.

ⓖ 베트남에서 생산된 다양한 목제 가구, 인테리어 소품, 바구니, 식기 등을 한자리에서 볼 수 있는 가게. 가격도 저렴한 편이라 나무 도마, 식기, 커트러리 등 소품들을 구매하기에 좋다. 가볍게 들려 구경하는 재미가 있는 곳.

TAY HO

CityOwls 시티 아울스

Ⓐ 27 Phan Đình Phùng, Quán Thánh, Ba Đình　Ⓣ 024-3734-9119
Ⓗ 09:00~21:00, 연중무휴　Ⓖ 21.040171, 105.844505　Ⓜ Map → 5-C-3

TAY HO

YNOT - Home Furniture & Interior Design
와이낫 홈 퍼니처 앤 인테리어 디자인

Ⓐ 172 Tu Hoa Street, Tay Ho
Ⓣ 043-718-8148
Ⓗ 09:00~19:00, 연중무휴
Ⓖ 21.060077, 105.830515
Ⓜ Map → 5-B-2

TAY HO

The Dreamers 더 드리머스

Ⓐ 1A Âu Cơ, Quảng An　Ⓣ 091-240-0439
Ⓗ 09:00~21:00, 연중무휴　Ⓖ 21.059496, 105.833717
Ⓜ Map → 5-C-2

LIFESTYLE : CREATIVE SHOP

Creative Shop

개성을 찾아, 수공예 숍

여행을 올 때마다 함께 오지 못한 소중한 이들이 떠오르곤 한다. 그런 이들을 위한 특별한 선물을 준비해보자. 다행히도 하노이에는 개성 넘치는 수공예품이 다양하게 준비되어 있다.

---

a. FRENCH QUARTER

aN 에이엔

직접 디자인한 의류와 액세서리를 판매한다. 수작업으로 만든 질 좋은 가죽 제품과 편하고 개성 있는 디자인의 의류, 신발 등은 다소 가격대가 높지만, 소장 가치가 있다.

Ⓐ 8 Ly Dao Thanh, Hoan Kiem Ⓣ 04-3939-2667
Ⓗ 09:00~21:00, 연중무휴 Ⓖ 21.025309, 105.857145 Ⓜ Map → 4-C-2

b. OLD QUARTER

Tan My Design 떤미 디자인

100% 면으로 이루어진 천에 직접 수놓은 자수들로 만든 상품들이 가득하다. 식탁보, 컵 받침, 아기들의 옷부터 고운 자수에 눈이 휘둥그래진다.

Ⓐ 61 Hàng Gai, Hoàn Kiếm Ⓣ 024-3938-1154 Ⓗ 08:00~20:00, 연중무휴
Ⓖ 21.031955, 105.850254 Ⓜ Map → 3-B-3

c. OLD QUARTER

Tsnow Boutique 티스노우 부티크

직접 만든 고운 빛깔의 다양한 세라믹 제품을 판매한다. 식기류, 화병 등을 판매하며 심플하고 깔끔한 디자인이 주를 이룬다.

Ⓐ 10A Hàng Hành, Hàng Trống Ⓣ 091-277-61-24 Ⓗ 09:00~21:00, 연중무휴
Ⓖ 21.030758, 105.850219 Ⓜ Map → 3-B-3

Ⓐ 43 &, 51 Văn Miếu Ⓣ 024-3733-6101
Ⓗ 09:00~18:00, 연중무휴 Ⓖ 21.027904, 105.836137 Ⓜ Map → 5-C-4

FRENCH QUARTER

SuginHOME 수진 홈

Ⓐ 2 Hoa Lư, Lê Đại Hành,
Ⓣ 043-632-0822
Ⓗ 09:00~20:00, 연중무휴
Ⓖ 21.010810, 105.847750
Ⓜ Map → 4-A-4

특색 있는 우드 식기들이 가득한 곳. 러시아에서 고품질의 나무들이 수입해 디자인부터 제작, 판매까지 모든 과정을 직접 한다. 상품이 아닌 작품을 보는 듯 수공예 실력이 뛰어나다.

FRENCH QUARTER

Miniwood Decor 미니우드 데코

어둑한 좁은 골목을 따라 2층으로 올라가면 작은 쇼룸이 나온다. 주인이 직접 디자인하고 제작한 우드 제품을 판매하는 가게이다.

Ⓐ 19 Cửa Nam Ⓣ 091-579-77-19 Ⓗ 09:00~20:00, 연중무휴 Ⓖ 21.027994, 105.843728 Ⓜ Map → 4-A-1

TIP. 프렌치쿼터에는 수공예품 가게가 많다. 세라믹, 우드, 가죽등의 소재로 저마다 디자이너의 개성을 담고 있다. 가격대는 천차만별이니 넉넉한 현금을 준비하자.

f.

aN 에이엔

FRENCH QUARTER

Cerender 세렌더

유니크한 디자인의 세라믹 제품들을 판매한다. 호안끼엠 호수의 남쪽에 있어 찾아가기도 쉽고, 품목도 다양하다. 가격대도 저렴해 다량으로 사오기에도 좋다.

Ⓐ 11a Tràng Thi, Tràng Tiền Ⓣ 093-863-24-81 Ⓗ 09:00~21:00, 연중무휴
Ⓖ 21.026186, 105.850825 Ⓜ Map → 4-B-2

TAY HO

d. Shop Craft Link 숍 크래프트 링크

베트남 정부에서 운영하는 공정무역 수공예품 가게이다. 소수민족이나 수공예품 장인들이 직접 만든 핸드메이드 제품을 아주 저렴하게 구매할 수 있는 곳으로, 손으로 자수를 곱게 놓은 패브릭 상품들부터 목공예, 그릇까지 품목이 다양하다.

g.

a.

`OLD QUARTER`

Huulala 후라라

베트남 전통 의상을 기본으로 다양한 의류를 제작하는 의류 전문점이다. 보통 화려하고 원색에 가까운 색감의 옷들이 많다. 원단도 따로 구매가 가능해 옷 이외에 다른 소품을 제작할 수 있다. 최근 성요셉 성당 근처에 2호점을 냈다.

ⓐ 30 Hàng Bông, Hàng Gai ⓗ 09:00~19:00, 연중무휴 ⓖ 21.030968, 105.848382 Ⓜ Map → 3-B-3

Traditional Shop
본연의 베트남, 전통을 담은 가게

다양한 문화가 섞인 하노이지만, 1,000년 수도인 만큼 전통적인 베트남의 모습도 여전히 간직하고 있다. 거리 곳곳에 자리 잡은 가게들로 찾아보는 베트남 본연의 모습!

b.

`OLD QUARTER`

Chula Fashion 츌라 패션

스페인 디자이너가 운영하는 가게이지만, 베트남 전통 의상을 기반으로 한다. 베트남 의상에 화려한 패턴을 넣은 디자인이 일반적. 한국에서는 볼 수 없는 스타일이라 구경하는 재미가 있다. 이곳에서는 종종 패션쇼와 같은 행사가 열리기도 한다.

ⓐ 27 Nhà Chung, Hàng Trống, Hoàn Kiếm Ⓣ +84 24 3710 1102 ⓗ 09:00~21:00 연중무휴 ⓖ 21.01413 105.51013 Ⓜ Map → 3-B-4

`PLUS.` **아오자이 구매 및 대여**

베트남 전통의상인 아오자이를 입고 관광하면 더욱 특별한 사진과 추억을 건질 수 있다. 기찻길 마을, 카페, 호안끼엠 호수 등에서 아오자이와 함께 인생 샷을 남겨보자.

Vinh trạch 빈 짹

하노이에서 가장 오래된 전통을 간직한 아오자이 가게. 오랜 경력을 가진 주인이 직접 베트남 전통 의상인 아오자이를 재봉한다. 공간에서도 그들이 지나온 세월의 흔적이 느껴진다.

ⓐ 23 Lương Văn Can, Hàng Gai, Hoàn Kiếm ⓗ 09:00~22:00, 연중무휴 ⓖ 21.033472, 105.850168 Ⓜ Map → 3-B-3

Thanh day silk 탄 데이 실크

가게 안으로 들어가면 좁은 길을 사이에 두고 수많은 아오자이가 줄을 지어 서 있다. 다양한 색상과 디자인의 아오자이를 부담 없는 가격으로 대여할 수 있다.

ⓐ 117 Hàng Gai, Hàng Trống, Hoàn Kiếm Ⓟ 1일 대여 20만 동부터 ⓖ 21.031525, 105.849346 Ⓜ Map → 3-B-3

Hanoi Ancient House 마머이 고가

(LIFESTYLE : TRADITIONAL SHOP)

c.

TAY HO

L'Atelier 라테일러

총천연색의 화려한 색감들이 입구부터 눈길을 잡아끈다. 베트남 전통색이 듬뿍 담긴 의류와 소품들을 판매한다. 공간 구성도 잘 되어 있어 여성 여행자들의 눈길을 사로잡는다.

Ⓐ 33 Xuân Diệu, Quảng An, Tây Hồ Ⓣ 024-3718-6758
Ⓗ 09:00~20:00, 연중무휴 ㉿ 21.063193, 105.829000 Ⓜ Map → 5-B-2

d.

OLD QUARTER

Hanoia Mã Mây 마머이 고가

19세기 말 지어진 베트남 전통 가옥 내부에 위치한 기념품 상점. 쇼핑과 관광을 동시에 즐길 수 있는 곳이다. 다소 가격이 비싸긴 하지만 질 좋은 베트남 수공예품을 판매한다. 고풍스러운 가옥에 어울릴만한 수공예품이 자리하고 있어 베트남 분위기를 풍길 뿐 아니라 고급스럽다.

Ⓐ 87 Phố Mã Mây Ⓣ 024-6293-6087 Ⓗ 08:00-17:00 주말 08:00-22:00 연중무휴
㉿ 21.034409, 105.853589 Ⓜ Map → 5-C-2

> PLUS. 마머이 고가 체험하기
>
> 건물의 나이만큼이나 세월감이 느껴지는 이곳은 1945년까지 당시 한약재를 팔던 상인의 3대가 함께 살던 저택이다. 외관뿐만 아니라 내부까지 그 시절 그 모습을 재현해두어 당시의 삶은 엿볼 수 있다. 중정이 멋들어진 목조 건물 내부에 주방, 침실, 거실이 그대로 보존되어 있다. 상점 겸 거실이던 1층과 생활 공간이던 2층은 19세기 당시의 베트남 중산층의 생활상이 그대로 보여진다. 현재는 그 가치를 인정받아 2004년 국가기념물로 지정되었다. 입장료를 내고 들어서면 가이드가 고가를 돌며 당시 생활과 가옥에 관한 설명을 들려준다.
>
> Ⓟ 입장료 1만 동

SHOPPING : SOUVENIR SHOP

Souvenir Shop

하노이에서의 기억, 기념품 숍

여행지에서의 나날을 기억하는 좋은 방법은 이 도시가 담긴 아이템을 간직하는 것! 하노이의 향취를 담은 기념품 숍을 소개한다. 구경하다 보며 자연스럽게 선물하고 싶은 소중한 이도 떠오를 것이다.

a.

OLD QUARTER

Amazing Hanoi
어메이징 하노이

모든 종류의 하노이 기념품을 구매할 수 있는 가게. 전통 인형부터 원단, 식기류, 차 종류까지 없는 상품이 없는 만물시장 같은 곳이다. 쇼핑 시간이 넉넉하지 않을 때는 이곳을 우선적으로 방문하는 것을 추천!

Ⓐ 71Hàng Gai   Ⓗ 08:00~21:30, 연중무휴   Ⓖ 21.031853, 105.849950
Ⓜ Map → 3-B-3

OLD QUARTER

Flora Boutique 플로라 부띠크

하노이에 총 세 개의 지점을 가지고 있는 핸드메이드 소품 숍. 직접 제작한 원단으로 소품과 의류를 제작해 판매한다. 인형부터, 휴대폰 손가방까지 종류도 모양도 다양하다. 천편일률적인 기념품에서 벗어나 특별한 선물을 고를 때 적합한 곳이다.

Ⓐ 62Ấu Triệu, Hàng Trống   Ⓗ 09:00~19:00, 연중무휴
Ⓖ 21.028395, 105.848173   Ⓜ Map → 3-B-4

b.

SHOPPING : SHOPPING LIST

Shopping List

하노이 필수 쇼핑 리스트

물가가 저렴하기로 유명한 동남아시아에서도 손꼽히는 하노이. 눈으로 가득 담고 배도 채웠으니 돌아가는 캐리어도 빵빵하게 채워보자.

인스턴트 쌀국수

가슴이 뻥 뚫리는 시원한 맛의 퍼 Pho. 이 맛을 한국에서도 즐기고 싶다면 인근 마트에서 인스턴트 쌀국수를 골라 담자. 딱 3분이면 식탁 위에 하노이가 찾아온다. 소고기 맛, 닭고기 맛 등 다양한 맛과 향으로 입맛 따라 골라보자.

Ⓦ 롯데마트, BIG C 등 현지 마트 Ⓟ 1만 동~

베트남 커피

세계 커피 생산국 2위에 빛나는 베트남. 하노이 쇼핑 리스트에 커피가 빠질쏘냐. 진한 맛의 블랙부터 설탕과 크림을 넣은 달콤한 커피와 헤이즐넛, 코코넛 등을 추가한 이색 커피까지 모두의 취향을 만족시킬 수 있다.

Ⓦ 롯데마트, BIG C 등 현지 마트 Ⓟ 2만 동~

초콜릿

초콜릿의 원재료가 되는 카카오를 직접 생산하는 베트남. 친환경으로 재배한 카카오를 가공하여 만든 질 좋은 초콜릿이 많아지고 있다. 생산자 구매자 모두가 행복한 공정무역으로 생산되는 초콜릿들은 가격대는 조금 높은 편이지만 건강한 간식으로 안성맞춤.

Ⓦ Marou chocolate 외 롯데마트, BIG C 등 현지 마트
Ⓟ 6만 동~ (브랜드별 상이)

견과류

베트남 국영 온라인 매체인 베트남 플러스가 공개한 자료에 따르면 2018년 베트남은 세계 1위 캐슈너트 수출국으로 기록됐다. 신선하고 질 좋은 캐슈너트를 비롯한 몸에 좋은 각종 견과류 쇼핑, 하노이라면 가벼운 지갑 사정으로도 충분하다.

Ⓦ 롯데마트, BIG C 등 현지 마트, 동쑤언 시장
Ⓟ 4만 동~ (용량별 상이)

수공예품

현지 생산하는 질 좋고 유니크한 디자인의 수공예품은 늘 빠질 수 없는 쇼핑 품목. 한국에선 만 원 한 장으로는 어림도 없는 수공예품들이 다양하게 매대에 펼쳐져 있다. 손으로 깎고 엮은 우드, 라탄 제품들은 여성 맞춤 선물로 강력 추천.

Ⓦ 동쑤언 시장, Hang gai 거리

실크 제품

하노이 인근의 하동 지역은 실크 생산지로 유명하다. 자외선을 차단하는 기능이 있다고 알려져 최고급 실크로 손꼽히는 반푹 실크를 생산하며 하노이 시내 곳곳에서 화려한 색을 자랑하는 다양한 실크 제품을 저렴하게 구입할 수 있다.

Ⓦ 동쑤언 시장, Hang gai 거리

도자기류

하노이 중심에서 약간 떨어진 밧짱 도자기 마을을 비롯해 하노이 시내 상점 곳곳에서 어렵지 않게 다양한 도자기 제품을 만날 수 있다. 베트남 전통 식기를 비롯하여 미니멀하고 깔끔한 현대식 그릇까지 취향 따라 골라보자.

Ⓦ 밧짱 도자기 마을

Shopping Mall

한 번에 골라보기, 하노이 쇼핑몰

시간이 부족할 때, 쇼핑몰만한 곳이 없다. 볼거리, 먹을 거리부터 다양한 기념품까지 모여 있는 하노이의 쇼핑몰에서 여행에 필요한 모든 것을 간편하고 빠르게 해결할 수 있다.

OLD QUARTER

Aeon Mall 이온 몰

홍강 건너편에 위치한 대형 쇼핑몰로 어마어마한 크기의 마트부터 영화관, 각종 의류 브랜드와 외식 브랜드 등 없는 게 없다.

Ⓐ Số 27 đường Cổ Linh, Phường Long Biên
Ⓣ 024-3269-3000 Ⓗ 평일 10:00~22:00, 주말 09:00~22:00, 연중무휴

TIP. 오 꽌 쯔엉 주변 Techcombank 앞에서 이온몰까지 운행하는 무료 셔틀버스를 탑승하면 15분여 만에 이온몰까지 편하게 도착할 수 있다.

FRENCH QUARTER

Vincom Center Ba Trieu
빈콤 센터 바 찌어우

올드쿼터와 프렌치 쿼터에서 가장 가까운 복합 쇼핑센터이다. 베트남의 유명 유통그룹인 빈 그룹에서 운영하는 곳으로 의류, 인테리어 소품, 스포츠 의류 매장 등이 입점해 있고, 큰 규모의 게임 센터와 식당, 카페도 갖추고 있어 더위를 피해 쾌적하게 쇼핑을 즐길 수 있다.

Ⓐ 191 Bà Triệu, Lê Đại Hành Ⓣ 024-3974-1919
Ⓗ 09:30~22:00, 연중무휴 Ⓖ 21.011210, 105.849767
Ⓜ Map → 4-B-4

DONG DA

Vincom Mega Mall Royal City
빈콤 메가 몰 로얄 시티

고층 아파트인 로얄 시티 아파트 지하에 위치한 대형 쇼핑몰이다. 다양한 의류 브랜드부터 CGV, 아이스링크, 대형마트, 로빈슨 백화점, 유명 맛집인 Quan An Ngon 꽌안응온의 체인점까지 자리 잡고 있다. 비가 많이 오거나 걷기 힘든 날 가볍게 둘러보기 좋다.

Ⓢ 뚜레쥬르, CGV, 꽌안응온, 빈 마트, 다이소 등
Ⓐ 72A Nguyễn Trãi, Thanh Xuân, Khu đô thị Royal City, Thượng Đình
Ⓣ 0246-276-7799 Ⓗ 09:30~22:00, 연중무휴
Ⓖ 21.003026, 105.815484 Ⓜ Map → 6-A-3

FRENCH QUARTER

Trang Tien Plaza
짱띠엔 플라자

고급스러운 분위기를 풍기는 짱띠엔 거리 중심에 위치한 메인 쇼핑센터이다. 이름만 들어도 화려함이 느껴지는 명품 매장들이 줄줄이 입점해 있다. 짱띠엔 플라자가 있는 거리는 주말(금~일)에 차량을 통제해 나들이를 나온 현지인들로 매우 북적거린다.

Ⓐ 24 Hai Bà Trưng, Tràng Tiền, Hoàn Kiếm Ⓣ 024-3937-8599
Ⓗ 월~목 09:30-21:30, 금,토,일 09:30-22:00, 연중무휴 Ⓖ 21.024846, 105.853254 Ⓜ Map → 4-B-2

(SHOPPING : SHOPPING MALL)

DONG DA

BigC Thang Long 빅씨 탕롱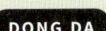

태국의 대형 마트 브랜드 빅씨의 탕롱 지점. 단순 대형 마트가 아니라 쇼핑몰 급 규모이다. 롯데시네마를 비롯해 다양한 의류 브랜드와 카페, 레스토랑 등이 입점해 있다. 한국 교민들이 많이 거주하는 쭝화 지역에 위치하며, 베트남 커피, 쌀국수, 달리 치약과 같은 하노이 특산품을 대량 구매 할 때 방문하면 좋다.

Ⓢ 롯데리아, 롯데시네마, 스모 바비큐 등　Ⓐ Số 222, Trần Duy Hưng, Trung Hòa, Cầu Giấy　Ⓣ 024-3784-8596　Ⓗ 평일 08:00~22:00, 주말 08:00~22:30, 연중무휴　Ⓖ 21.007174, 105.793456

DONG DA

Vincom Center Phạm Ngọc Thạch 빈콤 센터 팜 응옥 타크

빈콤 메가 몰과 같이 베트남 빈 그룹이 운영하는 쇼핑몰. 하노이 의과 대학교 인근에 자리해 있다. 크기가 크진 않지만 1층에 나란히 자리 잡은 카페들을 찾는 손님이 많다. 다양한 의류 브랜드와 피트니스 센터, BHD 영화관이 있다.

Ⓢ 스타벅스, BHD 영화관 등　Ⓐ 02 Phạm Ngọc Thạch, Kim Liên, Đống Đa　Ⓣ 024-7305-9966　Ⓗ 09:00~22:00, 연중무휴　Ⓖ 21.006188, 105.831569　Ⓜ Map → 6-C-3

Aeon Mall 이온 몰

TAY HO

Syrena Shopping Center 시레나 쇼핑 센터

서호의 작은 쇼핑센터. 베트남을 대표하는 커피 체인점인 하이랜드 커피가 입점해 있고, 다양한 외식 브랜드도 만날 수 있다. 그중 수입 식품을 판매하는 고메 마켓을 찾는 손님이 가장 많다. 저렴한 가격으로 치즈, 베트남 유기농 차와 잼 등을 구매할 수 있다.

Ⓐ Xuân Diệu, Quảng An, Hà Nội, Tây Hồ　Ⓣ 043-719-7214　Ⓗ 08:00~24:00 (영업장 별 상이), 연중무휴　Ⓖ 21.064002, 105.828154　Ⓜ Map → 5-B-2

TAY HO

Lotte Center Hanoi 롯데 센터 하노이

한국의 롯데백화점과 같이 각종 브랜드가 빼곡히 입점해 있다. 화장품, 의류, 가전제품, 식당까지 원스톱 쇼핑이 가능하다. 지하에 위치한 롯데마트는 달리 치약과 쌀국수를 사기 위해 모인 여행객들로 늘 붐빈다.

Ⓐ Lotte, 54 Liễu Giai, Cống Vị, Ba Đình　Ⓗ 09:00~22:30, 연중무휴　Ⓖ 21.032333, 105.812768　Ⓜ Map → 5-A-4

THEME

MASSAGE & NAIL ART

호사로운 시간, 마사지&네일아트

온종일 하노이 구석구석을 열심히 돌아다니다 보면 해질녘쯤에는 피로가 몰려온다. 마사지와 네일 케어로 하루를 마무리해보자. 여행자들은 거리를 지나다 만나는 마사지숍과 네일숍에 들어가는 것이 일반적이지만, 그중 이름을 알린 숍들을 몇 잡아보았다.

La Siesta Hotel & spa Hanoi
라 시에스타 호텔 앤 스파 하노이

호텔과 더불어 마사지 숍을 운영하고 있다. 훌륭한 시설에서 친절한 서비스로 유명하다. 노곤해지는 마사지를 받고 있으면 무릉도원에 온 듯한 기분이다. 가격이 아주 저렴하지는 않지만, 이 정도 서비스에 이 가격이라면 두말할 것 없이 대만족이다.

Ⓐ 94 Mã Mây, Hàng Buồm, Hoàn Kiếm Ⓣ 024-3926-3641
Ⓗ 09:00~22:00 연중무휴 Ⓟ 스웨디쉬 마사지 60분 67만 5,000동
Ⓖ 21.034260, 105.853399 Ⓜ Map → 3-C-3

halei nail
할레이 네일

1층 옷가게 안쪽으로 연결된 입구를 따라 위로 올라오면 만날 수 있는 네일숍. 하노이에만 20여 곳의 지점이 있는 대형 네일 숍으로 원하는 시간에 서비스를 받고 싶다면 예약은 필수다.

Ⓐ 41 Hàng Nón, Hàng Gai, Hoàn Kiếm, Ⓣ 024-6329-6932
Ⓗ 09:00~22:00, 연중무휴 Ⓟ 기본 케어 10만 동부터 Ⓖ 21.032445, 105.847499
Ⓜ Map → 3-A-3

PLUS. 가성비 좋은 마사지 숍&네일 숍

vạn xuân foot massage
반쑤언 발 마사지
전문 발 마사지 숍으로 하노이에서 가장 유명한 곳.
Ⓐ 18 Lý Quốc Sư, Hàng Trống
Ⓣ 042-218-8823 Ⓗ 10:00~24:00 연중무휴
Ⓟ 발 마사지 70분 15만 동
Ⓖ 21.030212, 105.848887

Mido Spa
미도 스파
친절한 직원들의 응대와 깔끔한 실내가 특징인 마사지 숍
Ⓐ 11A Hàng Bè, Hàng Bạc, Hoàn Kiếm
Ⓣ 024-3716-5888 Ⓗ 09:00~23:00, 연중무휴 Ⓟ 미도 스페셜 마사지 75분 58만 동
Ⓖ 21.033401, 105.853846

Midori spa2
미도리 스파 2
베트남 마사지, 타이 마사지, 스웨덴 마사지 등 다양한 코스를 제공하는 숍.
Ⓐ 46 & 60 Ngõ Huyện, Hàng Trống
Ⓣ 024-3826-6060 Ⓗ 09:00~23:30, 연중무휴 Ⓟ 베트남 마사지 60분 26만 동
Ⓖ 21.029497, 105.848366

Tiny nail & spa
티니 네일 앤 스파
깔끔한 내부와 더불어 저렴한 가격으로 유명한 네일 숍.
Ⓐ 38 Hàng Bông, Hàng Gai, Hoàn Kiếm
Ⓣ 091-358-4909 Ⓗ 09:00~22:00, 연중무휴 Ⓟ 기본 케어 10만 동부터
Ⓖ 21.030933, 105.848185

THEME

LOCAL MARKET
시장에 가면

로컬 시장은 그 지역 서민들의 삶을 가장 생생하게 전달하는 곳이다. 하노이 사람들에게도 오랜 시간 곁을 지켜온 시장이 있다. 이들의 일상을 잠깐이나마 엿볼 수 있는 곳. 물론 풍성한 먹거리와 볼거리는 덤으로 따라온다.

Chợ Đồng Xuân 동쑤언 시장

베트남 북부 최대 시장으로 의류, 생활용품, 채소, 과일 등을 판매하는 로컬 시장이다. 의류를 비롯한 생활용품, 기념품 등 다양한 상품들을 판매하고 풍성한 길거리 음식도 맛볼 수 있다. 19세기 말 프랑스 식민지 시절, 길거리에 넘쳐나는 노점을 수용하려는 목적으로 만들어졌다. 그러나 당시 건물은 화재로 불 타버리고, 현재의 건물은 그 당시의 모습을 재현한 것이다. 1996년, 다시 시작을 알린 시장은 지금까지 같은 모습으로 하노이 시민들과 관광객을 맞이하고 있다.

Ⓐ Đồng Xuân Ⓣ 097-584-55-86
Ⓗ 07:00~18:00, 연중무휴
Ⓖ 21.038120, 105.849489
Ⓜ Map → 3-B-2

Chợ Đêm Phố Cổ Hà Nội
하노이 야시장

매주 금, 토, 일요일 밤 호안끼엠 주변 항 다오 길에서 열리는 주말 야시장. 노을이 뉘엿뉘엿 넘어가는 시간, 차량을 통제한 거리 위로 점포들이 하나둘 문을 연다. 의류 상점이 즐비한 항 다오 거리답게 다양한 스타일의 의류, 패션 잡화를 비롯한 다양한 물품들을 판매하는 만물 시장이다. 동쑤언 시장을 중심으로 좌우로 상점이 즐비하게 들어서는 야시장은 하노이의 밤을 더욱 정겹고 활기 있게 만들어줄 것이다.

Ⓐ Hàng Đào, Hoàn Kiếm
Ⓗ 매주 금, 토, 일요일 18:00-00:00
Ⓖ 21.032299, 105.851331
Ⓜ Map → 3-B-2

하노이에서 숙소 예약하기

여행지에서의 숙소는 여행자의 컨디션에 많은 영향을 미친다. 또한, 숙소에 따라 그 지역에 대한 인상이 달라지기도 한다. 하노이의 숙소는 가격도 모습도 천차만별이다. 다음날의 일정을 책임지는 만큼 신중하게 선택해보자.

1. Sofitel Legend Metropole Hanoi
소피텔 레전드 메트로폴 하노이

세계적인 호텔 체인 아코르 그룹의 소피텔은 짱띠엔 백화점과 하노이 오페라 하우스가 바로 인접해 있다. 여행하기에 최적의 위치인 것. 총 364개의 객실을 보유하고 있는 5성급 호텔로 흠잡을 데 없는 서비스와 쾌적한 환경을 자랑한다.

Ⓐ 15 Ngo Quyen Street, HoanKiem Ⓣ 024-3826-6919 Ⓟ 1박 30만 원대
Ⓖ 21.025472, 105.856079 Ⓜ Map → 4-C-2

2. Apricot Hotel
아프리콧 호텔

호안끼엠 호수 바로 앞에 있어 전망이 좋고, 어디로든 이동하기 편한 위치에 있다. 부담스럽지 않은 가격으로 호텔 서비스를 즐길 수 있는 곳. 고풍스러운 실내 장식과 옥상에 있는 루프탑 수영장이 매력적이다.

Ⓐ 136 Hàng Trống, Hoàn Kiếm Ⓣ 024-3828-9595 Ⓟ 15만 원대 Ⓖ 21.028106, 105.850891 Ⓜ Map → 3-B-4

3. Lotte Hotel Hanoi
롯데 호텔 하노이

하노이에서 가장 높은 빌딩인 롯데타워에 자리해 있다. 40층부터 시작되는 객실에서는 하노이 시내를 한눈에 내려다볼 수 있다. 피트니스 룸, 사우나, 요가룸, 실내외 수영장 등 훌륭한 부대시설을 갖추었다.

Ⓐ 54 Lieu Giai Street, BaDinh Ⓣ 043-333-1000 Ⓟ 15만 원대
Ⓖ 21.032420, 105.812596 Ⓜ Map → 5-A-4

Tip.
1. 대부분 숙소가 호안끼엠 호수 주변인 올드쿼터에 몰려 있다. 비슷한 이름의 호텔도 상당히 많으니, 예약 시에 호텔의 이름을 꼼꼼하게 확인하자.

2. 올드쿼터의 길은 좁고 복잡하다. 밤 늦은 시간에는 찾아가기에 어려울 수도 있으니 정확하게 위치를 파악하자.

3. 일부 부티크 호텔이나 호스텔은 자정이 넘으면 호텔의 1층 현관문을 잠그거나 셔터를 내려두는 경우가 있다. 늦은 시간에 체크인할 예정이라면 사전에 숙소에 연락하자.

4 InterContinental Hanoi Westlake
인터콘티넨털 하노이 웨스트레이크

한가롭고 호젓한 서호 지역에 위치한 호텔이다. 호텔 내에서 카트를 타고 이동해야 할 정도로 넓은 부지와 아름다운 조경, 빼어난 전망의 야외 수영장을 자랑한다. 여유롭게 휴식을 즐기고 싶은 여행자들에게 강력 추천!

Ⓐ 5 Từ Hoa Công Chúa, Quảng An, Tây Hồ
Ⓟ 024-6270-8888　Ⓟ 14만 원대　Ⓖ 21.058526, 105.831848　Ⓜ Map → 5-B-2

5 Hanoi La Siesta Hotel Trendy
하노이 라 시에스타 호텔 트렌디

10만 원대로 최고의 호사를 누릴 수 있다. 친절함으로 둘째가라면 서러운 라 시에스타 계열의 대표 호텔로, 번잡하지 않은 골목에 있어 조용하게 휴식하기에도 좋다. 총 6개 타입의 객실이 있으며 커플부터 가족 단위까지 두루 숙박할 수 있다.

Ⓐ 12 Nguyễn Quang Bích Phường Cửa Đông, Quận Hoàn Kiếm
Ⓣ 024-3923-4026　Ⓟ 10만 원대　Ⓖ 21.032164, 105.845738　Ⓜ Map → 3-A-3

6 La Siesta Hotel Hanoi
라 시에스타 호텔 하노이

맥주 거리와 아주 인접한 위치로 올드쿼터 중심부에 있다. 맛이 좋기로 유명한 레드빈 레스토랑을 함께 운영한다. 친절한 직원들의 서비스와 빠른 응대로 이용자들의 후기가 매우 좋다.

Ⓐ 94Mã Mây, Hàng Buồm, Hoàn Kiếm　Ⓣ 024-3926-3641
Ⓟ 8만 원대　Ⓖ 21.034260, 105.853399　Ⓜ Map → 3-C-2

? Hanoi La Siesta Diamond Hotel & Spa
하노이 라 시에스타 다이아몬드 호텔 앤 스파

라 시에스타 다이아몬드는 숙박시설 보다는 스파로 더 유명하다. 마사지사들의 실력이 좋기로 정평이 나 있다. 12시 이전 방문 시 스파 금액의 40%를 할인해 준다. 가격 대비 훌륭한 객실과 조식 또한 일품으로 가성비가 좋은 곳이다.

Ⓐ 32 Lò Sũ, Lý Thái Tổ, Hoàn Kiếm
Ⓣ 024-3935-1632 Ⓟ 7만 원대 Ⓖ 21.031518, 105.854913 Ⓜ Map → 3-C-3

? Hanoi La Storia Hotel
하노이 라 스토리아 호텔

오픈한 지 채 1년이 되지 않은 부티크 호텔로 규모는 작지만, 서비스나 내부 시설은 특급 호텔에 뒤지지 않는다. 객실의 크기는 아주 작지만, 고객이 필요한 모든 물품을 적재적소에 잘 배치해 두었다. 청결과 서비스 품질은 일품.

Ⓐ 45 Hàng Đồng, Hàng Bồ Ⓣ 024-3719-1375 Ⓟ 5만 원대
Ⓖ 21.035721, 105.847710 Ⓜ Map → 3-B-2

? E Central Hotel
이 센트럴 호텔

하노이의 많은 호텔이 친절한 서비스를 큰 장점으로 내세우고 있지만, 이 호텔은 진정성이 엿보인다. 단순히 보여주기 위한 친절이 아닌 고객을 진심으로 대하는 마음씨가 느껴지는 곳이다. 깔끔하고 쾌적한 객실과 시내 중심부에 위치하면서도 조용한 환경이 큰 장점이다.

Ⓐ 18 Lò Sũ, Lý Thái Tổ Ⓣ 024-3938-0175 Ⓟ 6만 원대
Ⓖ 21.031480, 105.855462 Ⓜ Map → 3-C-3

Nexy Hostel
네시 호스텔

감각적이고 세련된 인테리어로 전 세계 배낭여행자들이 찾는 호스텔이다. 7층의 건물을 통째로 사용하고 있으며 6, 8, 12인용의 도미토리 룸과 개별 객실, 작은 테라스가 있는 미디어룸까지 다양하게 갖추고 있다.

Ⓐ 12 To Tich Street Hoan Kiem, Hàng Gai   Ⓣ 024-7300-6399
Ⓟ 도미토리 룸 1만 원 이내   Ⓖ 21.028196, 105.850859   Ⓜ Map → 3-B-3

Bedgasm Hostel
베드가즘 호스텔

최근 문을 연 호스텔로 성요셉 성당에서 1분 거리에 위치한다. 6, 8인용의 도미토리 룸과 개별 객실을 갖추고 있고, 매일 아침 간단한 조식도 제공한다.

Ⓐ 32 A Nha Chung Street, HoanKiem   Ⓣ 024-3266-9468
Ⓟ 도미토리 룸 1만 원 이내   Ⓖ 21.028025, 105.849835   Ⓜ Map → 3-B-4

Tip.
전 세계적으로 많은 여행자가 이용하는 에어비앤비. 기존의 숙소 형태에서 벗어나, 진짜 현지인의 집에서 머물러 볼 수 있다는 장점이 있지만, 그에 못지않은 단점과 우려도 크니 몇 가지를 꼼꼼히 확인 후 이용하자.

1. 호스팅 된 집과 실제 사용할 집이 동일한 곳인지 확인하기
막상 도착해 보니 에어비앤비에 올라온 집과 다른 경우가 꽤 있다. 악덕 호스트들이 허위매물을 올려두고 예약을 받기 때문이다. 예약 전 호스트에게 재차 확인하고, 사용 후기도 꼼꼼히 읽어 보자.

2. 하노이의 골목 이해하기
좁은 골목이 많고 입구를 찾기 힘든 건물이 많은 하노이의 특성상 예약 전 숙소의 위치를 정확히 파악해야 한다. 번화가와 위치가 가깝지만, 숙소가 인적이 심하게 드문 골목에 있거나, 입구를 찾기가 굉장히 어려운 경우도 많다. 혼자 여행을 할 때는 예약 전 꼼꼼히 확인해보자.

The Teahouse 더 티 하우스

하노이와 사파, 두 곳에 에어비앤비 숙소를 운영하고 있다. 관광지와는 전혀 거리가 먼 현지인 지역의 작은 골목에 위치한다. 거실에 자리 잡고 있는 나무 인상적이다. 볕이 잘 드는 3층 집은 어느 공간에 들어서도 아늑하게 느껴진다. 감각적인 인테리어도 여행자에게 포근한 휴식을 선사하기에 제격이다.

Ⓐ Ngõ 122 Vĩnh Tuy   Ⓣ 0906-231047
Ⓟ 가격 2만 원대   Ⓖ 21.0004264, 105.8752640

ATTRACTIVE
SUBURBS

위로는 산, 아래로는 바다. 다채로운 자연 풍경과 문화로 여행자의 구미를 당기는 베트남의 근교를 꼽아봤다.
도심의 활기에서 잠시 벗어나 느긋한 여유를 만끽할 시간이다.

01

SAPA : 안개에 싸인 동화 마을, 사파

02

Ninh Binh : 자연의 메아리, 닌빈

03

Cát Bà : 바다 속 녹음, 깟바

04

Hai phong : 항구의 낭만, 하이퐁

Haven Coffee - Sapa 헤븐 커피 사파

사파 가는 법 Map → 1

1. 야간 기차
매일 밤 10시, 하노이 역에서 라오까이 역까지 가는 야간 기차가 출발한다. 소요 시간은 약 8시간. 등급별로 객실 컨디션이 다르지만, 침대 칸은 꽤 안락하다. 라오까이 역에서 사파 시내까지는 택시나 버스로 타고 1시간 정도 가야 한다. 4인용 2등석 침대 칸을 기준으로 1인 가격은 17~20달러 정도이며, 차표는 하노이 역에서 구매하거나 여행사 사무실을 통해 구매할 수 있다.

2. 사파 익스프레스
하노이에서 사파까지 정규적으로 운영하는 버스. 매일 아침 7시 출발하며 호안끼엠 호수 주변 숙소에서 무료 픽업 서비스를 제공한다. 약 5시간 소요되며, 28인승 리무진 버스 기준으로 1인에 16달러이다. 차표는 사파 익스프레스 홈페이지나 사파 익스프레스 사무실에서 현장 구매가 가능하다.

1 SAPA
안개에 싸인 동화 마을, 사파

해발 1,650 고지대에 위치한 작은 마을 사파. '안개의 마을'이라 불릴 정도로 안개 속에 파묻혀 겉에서는 그 내부가 잘 보이지 않는다. 그렇기에 이곳의 진가는 직접 들어가봐야 안다. 중국 국경과 인접해 12개의 소수 민족이 자연 그대로의 모습을 지키며 살아가고 있는 이곳은 숨은 보석같은 곳이다.

a. Notre Dame Cathedral 노트르담 성당(사파 성당)

사파의 중심지로 프랑스 식민지 시절 건축된 성당이다. 성당 앞에 있는 광장에서는 다양한 행사가 열리며, 매 주말 저녁에는 '러브 마켓'이라 불리는 야시장이 선다. 평소에는 문이 닫혀 있고, 주말 아침 미사가 있는 시간에는 입장할 수 있으나 내부 촬영이 불가능하다.

> **TIP.**
> 러브마켓은 매 주말 사파 광장을 중심으로 길을 전부 차단하고 열린다. 품목은 대부분 소수 민족이 직접 만든 전통 의상과 인형, 가방 등이며, 다양한 소수 민족들을 한 자리에서 볼 수 있는 기회이기도 하다. 주말에 사파를 방문한다면 꼭 놓치지 말고 구경하자.

Ⓐ Nghĩa trang tt Sapa, tt. Sa Pa, Sa Pa
Ⓖ 22.335264, 103.842133 Ⓜ Map → 7-B-1

b. Núi Hàm Rồng-Sapa 함롱산

함롱산에서 사파 시내를 한눈에 내려다볼 수 있는 전망대. 완만한 언덕으로 이루어져 있으며 입구에서 정상까지 30여 분이면 충분히 도착하기에 가볍게 둘러보기 좋다.

Ⓐ Đường Lên Núi Hàm Rồng, tt. Sa Pa
Ⓖ 22.334326, 103.847352
Ⓜ Map → 7-C-1

> **MUST CHECK.**
>
> 사파는 베트남에서 가장 기온이 낮은 지역이다. 한여름에도 아침저녁으로 선선한 날씨가 이어지고 비도 자주 내려 쉽게 쌀쌀해진다. 가벼운 긴 소매 옷은 필수. 겨울철 사파를 찾을 예정이라면 두툼한 외투를, 트레킹을 계획한다면 트레킹화와 편한 복장을 미리 준비하자.

c. Ban cat cat 깟깟 마을

사파에 있는 소수 민족 마을 중 하나로 가장 접근성이 뛰어나다. 시내에서 마을 입구까지 30분 정도면 도착해 가벼운 당일 트레킹 코스로 좋다. 실제 소수 민족이 거주하지만, 수많은 관광객이 찾아와 이들을 상대로 하는 상점들이 입구부터 이어진다. 마을 아래에 위치한 커다란 물레방아와 폭포가 인상적이다.

Ⓐ cat cat, San Sả Hồ, Sa Pa
Ⓗ 08:00~18:00 Ⓟ 입장료 5만 동
Ⓖ 22.330947, 103.834043
Ⓜ Map → 7-A-2

CAFE

Cafe In The Clouds 카페 인 더 클라우드

'구름 속 카페'라는 이름이 바로 이해가 가는 곳. 사파 시내에서 깟깟 마을로 가는 길목에 자리한 곳으로 안개가 자욱하게 낀 날이나 쾌청하게 맑게 갠 날이나 아름다운 경치를 바라볼 수 있다. 두말이 필요 없는 환상적인 전망에 입이 떡 벌어진다.

Ⓐ 60, Fansipan, Sa Pả Ⓣ 024-3771-011
Ⓗ 06:00~23:00 연중무휴 Ⓟ 요거트 쉐이크 5만 동
Ⓖ 22.332425, 103.839102 Ⓜ Map → 7-B-2

Fansipan Terrace Café & Home stay 판시판 테라스 카페 앤 홈스테이

옆집인 카페 인 더 클라우드와 함께 빼어난 전망으로 명성이 자자한 곳. 날이 좋은 날 테라스에 앉아 마시는 카페 쓰어다의 맛은 기가 막히다. 카페 아래층에는 저렴한 가격의 홈스테이도 함께 운영하고 있다. 한화로 만 원 정도이면 도미토리 룸에서 숙박이 가능하다.

Ⓐ Fansipan,tt.SaPa Ⓣ 091-220-51-54
Ⓗ 07:00~22:00 연중무휴 Ⓟ 카페 쓰어다 3만 동
Ⓖ 22.332658, 103.838609 Ⓜ Map → 7-B-2

Haven Coffee - Sapa 헤븐 커피 사파

사파 시내에서 깟깟 마을로 가는 길에 있다. 계단을 걸어 올라가면 펼쳐지는 전망에 감탄이 절로 나온다. 전망을 바라보며 커피 한 잔을 마시다 보면 시간 가는 줄 모른다. 드럼 통으로 만든 테이블과 의자도 특색 있다.

Ⓐ Fansipan, tt. Sa Pa Ⓣ 024-3888-789
Ⓗ 07:00~02:00 연중무휴 Ⓟ 오렌지 주스 6만 동
Ⓖ 22.330495, 103.836168 Ⓜ Map → 7-A-2

d. Sapa Market
사파 시장

사파 터미널 옆에 위치한 작은 시장으로 소수민족이 직접 손으로 만든 전통 의상부터 과일, 채소, 간식 등을 판매하는 로컬 시장이다. 관광객을 위한 상품은 많지 않으나, 소수민족의 생활과 문화를 엿볼 수 있어 흥미롭다.

Ⓐ QL4D,tt.SaPa
Ⓣ 0166-616-6797 Ⓗ 06:00~18:00 연중무휴
Ⓖ 22.338624, 103.851910
Ⓜ Map → 7-C-1

사파를 제대로 느끼는 방법, 트레킹
라오까이 마을&타반 마을

대부분 일일 트레킹은 사파 성당이 있는 시내에서 라오까이 마을과 타반 마을 초입까지 도보로 이동하고, 돌아올 때는 차량을 이용하는 코스로 운영된다. 소요 시간은 약 5시간. 라오까이 마을에서의 점심 식사 포함 코스가 1인당 17~20달러이다. 별도의 트레킹 프로그램을 이용하지 않아도 택시를 이용해 라오까이 마을이나 타반 마을까지 개별적으로 다녀올 수도 있다.

TIP.
트레킹은 팀 당 한 명의 영어 가이드가 배정되고, 일부 소수민족이 그 뒤를 따른다. 이들은 험한 길을 갈 때 앞, 뒤, 옆에서 손을 잡아주거나 풀을 꺾어주는 등의 친절을 베푼다. 다만 라오까이 마을에 다다르면 본색을 드러낸다. 가져온 물건을 팔거나 일정 금액의 팁을 요구하는 경우가 많다는 걸 유의하자.

e. Ga cáp treo
SUN WORLD FANSIPAN LEGEND
판시판 케이블카

해발고도 3,143m로 인도차이나에서 가장 높은 산인 판시판을 케이블카를 타고 오를 수 있다. 총 길이 6,292m의 세계에서 가장 긴 케이블카로 기네스북에 등재되었다. 실제 탑승 시간 약 20분으로 상당히 긴 편이다.

TIP.
케이블카 이용 티켓을 구매할 때 10만 동을 추가하면 정상까지 올라가는 작은 열차에 탑승할 수 있다.

Ⓐ Công ty TNHH Dịch vụ Du lịch Cáp treo Fansipan Sa Pa
Ⓣ 02143-818-888 Ⓗ 07:30~17:30 연중무휴
Ⓟ 케이블카 이용료 60만 동
Ⓖ 22.337318, 103.824237 Ⓜ Map → 7-B-1

RESTAURANT

The Hill Station Signature
더 힐 스테이션 시그니처

세련되고 감각적인 내부 인테리어가 눈에 띄는 더 힐 스테이션 시그니처는 사파의 전통 음식을 현대적으로 구현하는 곳이다. 탁 트인 전망과 베트남 전통 다이닝 테이블을 떠오르게 한다. 직접 만든 수제 소스와 채소 절임, 잼 등도 함께 판매하고 있으며 음식의 맛도 꽤 좋다.

Ⓐ 037 Fansipan, TT. Sa Pa, Sa Pa Ⓣ 024-3887-111
Ⓗ 11:00~22:30 연중무휴 Ⓟ 라오까이 포크 프라이드 13만 동 Ⓖ 22.333193, 103.840614 Ⓜ Map → 7-B-2

Little Sapa Restaurant
리틀 사파 레스토랑

사파에서 가장 유명한 맛집으로 통하는 레스토랑. 여행자 거리 한가운데 있어 찾기 쉽고 내부 시설도 쾌적한 편이다. 고슬고슬한 밥을 기가 막히게 잘 볶아낸 볶음밥의 맛은 환상적이다. 바싹바싹 튀겨져 나오는 넴의 맛 또한 일품.

Ⓐ 14 Cầu Mây, Sa Pà, Ⓣ 0241-3871-222
Ⓗ 09:00~14:00 17:00~21:30 연중무휴
Ⓟ 치킨 프라이드 라이스 6만 9,000동
Ⓖ 22.334301, 103.841844 Ⓜ Map → 7-B-1

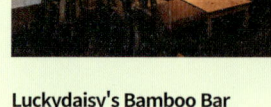

Luckydaisy's Bamboo Bar
럭키 데이지 뱀부 바

타반 마을에서 이 레스토랑을 안 거쳐 간 여행자는 거의 없다. 여행자를 위한 가게를 찾기 힘든 타반 마을에서 유일하게 구색을 갖춘 레스토랑. 영어로 의사소통도 원활히 된다는 장점이 있다. 편안하고 안락한 분위기와 훌륭한 음식의 맛도 이 집의 자랑거리.

Ⓐ Tả Van, tt. Sa Pa, Ⓣ 093-223-47-40
Ⓗ 08:00~22:00 연중무휴 Ⓟ 시즐링 포크 프라이드 10만 동 Ⓖ 22.300139, 103.893960 Ⓜ Map → 7-B-1

f. Indigo Cat 인디고 캣

사파에서 가장 품질 좋은 상품을 파는 숍. 시내에서 깟깟 마을로 가는 길과 타반 마을 두 곳에 지점이 있다. 소수민족이 직접 물들인 원단에 손으로 자수를 더 한 담요, 행잉 소품, 의상 등과 직접 말린 꽃으로 만든 차 종류도 판매한다. 타반 마을에 위치한 인디고 캣에서는 장인과 함께 전통 방식을 그대로 살린 인디고 염색 체험도 가능하다.

Ⓐ 046 Phan Xi Pang, Fansipan, Sa Pà
Ⓣ 098-240-36-47 Ⓗ 08:00~19:00 연중무휴
Ⓖ 22.332920, 103.839974 Ⓜ Map → 7-B-2

h. Sa Pa Lake 사파 호수

사파 호수를 보면 사파가 왜 동양의 알프스로 불리는지 알게 된다. 안개가 호수에 내려앉은 날은 신비로운 분위기로 운치 있고, 맑게 갠 날은 오밀조밀한 풍경이 아름답다. 호숫가 주변을 돌며 산책할 수 있다.

Ⓐ Sa Pa Lake, tt., Sa Pà
Ⓖ 22.338624, 103.851910 Ⓜ Map → 7-B-1

TIP.
사파에서 숙소를 정하기 전에 체크해야 할 것

1. 위치
호수 전망의 사파 시장 및 시내, 음식점이 몰려 있는 사파 성당 주변, 전망이 좋지만 인적이 드문 깟깟 마을, 홈스테이 형식의 타반 및 라오까이 마을 주변. 위치에 따라 숙소의 특징이 뚜렷한 편. 자신의 취향에 따라 선택하자.

2. 온수, 난방
한여름에도 선선한 날씨의 사파를 한겨울에 찾는다면 숙소에 온수 공급이 원활한지 꼭 확인해야 한다. 또한, 난방 시설이 없는 숙소는 밤새 덜덜 떨며 추위에 시달릴 수도 있으니 사전에 확인하고 예약하자.

g. Bac ha market 박하 시장

사파에서 차로 3시간여 꼬박 달려가야 하는 작은 마을인 박하에서 열리는 소수민족 시장이다. 박하 인근에 거주하는 다양한 소수민족이 생산한 과일, 채소, 의류 등을 판매하는데, 우리나라 5일장과 비슷하다. 사파 시내의 여행사에서 왕복 차편을 예약할 수 있고, 머무는 호텔에서도 예약할 수 있다. 로컬버스로 라오까이를 거쳐 다녀올 수도 있다.

Ⓐ Ngọc Uyển, tt. Bắc Hà
Ⓗ 06:00~14:00 (상점별 상이), 소수민족 시장은 일요일만 운영
Ⓖ 22.535371, 104.291979

STAY

Sapa Wings Hotel 사파 윙즈 호텔

언덕을 조금 올라와야 하지만 사파 중심지인 성당과는 도보 3분 거리로 매우 가깝다는 게 큰 장점이다. 최근 오픈해 내부 시설이 매우 깔끔하고, 엘리베이터도 있다. 사파 중심부에 있지만 조용하다.

Ⓐ Hoàng Diệu, tt. Sa Pa Ⓣ 0214-3887-333 Ⓟ 1박 3만 원대
Ⓖ 22.336546, 103.841000 Ⓜ Map → 7-B-1

Sapa Clay House 사파 클레이 하우스

최근 모 방송에 방영돼 유명세를 타고 있는 곳. 독립된 형태의 객실과 탁 트인 야외 전망이 아주 뛰어나다. 다만 사파 중심지와 다소 거리가 있고 주변에 편의시설이 따로 없어 불편하다는 단점이 있다.

Ⓐ TL152, Lao Chải, Sa Pa Ⓣ 096-528-81-60 Ⓟ 1박 8만 원대
Ⓖ 22.319176, 103.857987

The Hill Station Hotel 사파 힐 스테이션 호텔

1층 레스토랑과 함께 운영하는 사파 힐 스테이션의 부티끄 호텔. 고풍스럽게 장식한 실내와 훌륭한 조식, 설명이 필요 없는 환상적인 전망을 자랑한다. 사파 중심부와도 멀지 않아 편하게 이동할 수 있다.

Ⓐ 37 Fansipan, TT. Sa Pa, Sa Pa, Lào Cai Ⓣ 024-3887-111
Ⓟ 1박 8만 원대 Ⓖ 22.333187, 103.840672 Ⓜ Map → 7-B-1~2

닌빈 가는 방법 Ⓜ Map → 1

닌빈을 가장 쉽게 여행하는 방법은 하노이에서 땀꼭과 짱안으로 가는 일일 투어를 이용하는 것. 이른 아침 호텔 픽업부터 왕복 차편, 입장료를 포함한 투어가 1인 약 30달러 정도이다. 또 하노이 역에서 닌빈으로 가는 기차는 매일 3회 운행 중으로 두 시간이면 도착하며, 좌석 종류에 따라 가격이 달라진다. 롱비엔, 잣밧 터미널에서 버스를 이용해서 갈 수도 있다.

② Ninh Binh
자연의 메아리, 닌빈

물의 도시라 불리는 닌빈은 '육지의 하롱베이'로 유명한 땀꼭과 짱안으로 많은 여행자가 찾는 곳이다. 복잡한 하노이에서 남쪽으로 약 93km 떨어진 이곳에서는 조용하게 휴식을 즐기며 자연이 주는 울림을 느낄 수 있다.

a. Hoa Lư ancient capital 호아루

베트남이 중국의 지배에서 벗어난 10세기 후반부터 11세기, 딘 왕조와 레 왕조의 수도였다. 중국을 몰아내고 첫 독립 왕조를 세운 수도로 역사적 의미가 깊다. 베트남 민족의 정기와 독립 정신을 고취시킨 곳이다. 당시의 유적이 많이 남아 있지는 않지만, 황제의 위패가 모셔져 있는 사당, 황제의 묘 등을 볼 수 있다.

Ⓐ Trường Yên, Hoa Lư District
Ⓣ 06:00~18:00 연중무휴
Ⓟ 2만 동
Ⓖ 20.285124, 105.906627
Ⓜ Map → 8-A-3

b. Tam Cốc 땀꼭

하롱베이의 모습을 닮은 땀꼭은 '육지의 하롱베이' 혹은 '숲 속의 하롱베이'라고 불린다. 땀꼭은 '세 개의 동굴'이라는 뜻으로, 실제로 '항카(Hang Ca)', '항하이(Hang Hai)', '항바(Hang Ba)'라는 거대한 동굴이 있다. 사공이 노를 젓는 작은 배를 타고 유람을 떠나면 약 두 시간에 걸쳐 동굴들을 한 번 볼 수 있다. 수많은 기암괴석과 강물이 아름다운 절경을 이루며 감탄을 자아낸다.

Ⓐ Ninh Binh Province, Hoa Lu
Ⓣ 030-361-8339 Ⓗ 06:00~18:00 연중무휴
Ⓟ 입장료 12만 동 배 삯(2인기준 1보트) 15만 동
Ⓖ 20.217241, 105.935488
Ⓜ Map → 8-B-4

TIP.
땀꼭과 짱안에서 배를 타고 유람할 예정이라면 반드시 내리쬐는 직사광선을 막아줄 양산이나 모자를 준비하자. 그늘이 전혀 없는 강을 장시간 유람하는 터라 매우 덥다.

> **TIP.**
> 입장료와 함께 지불한 배 삯에 뱃사공 비용도 포함이지만,
> 1인당 약 2만 동 정도의 팁을 지급하는 것이 일반적이다.
> 반환점에서 음료나 간식을 구매하도록 분위기를
> 조성하는데 적당히 필요한 물건만 구매하고 강매로
> 이어질 경우에는 단호하게 이야기하자.

c. Tràng An 짱안

자연이 그대로 보존된 짱안에 자리한 짱안 생태공원은 비교적 최근 문을 연 곳이다. 베트남 최초로 유네스코 세계 문화유산에 등록됐으며, 한 시간 반이 소요되는 코스부터 네 시간이 소요되는 코스까지, 다양한 코스가 있다. 짱안 전체를 돌아보는 코스를 선택하면 총 11개의 동굴을 지난다. 땀꼭보다 훨씬 길고 규모가 크기에, 일정이 넉넉한 편이라면 땀꼭보다 짱안을 둘러보는 것을 추천한다.

Ⓐ Tràng An, Ninh Xuân, Hoa Lư
Ⓣ 0229-3890-217
Ⓗ 06:00~18:00 연중무휴
Ⓟ 입장료 20만 동
Ⓖ 20.252696, 105.918172
Ⓜ Map → 8-B-3

d. Hang Múa 항무아

닌빈을 한눈에 내려다볼 수 있는 빼어난 전망을 자랑하는 곳. 그늘 하나 없는 계단을 약 30분 올라가면 정상에 다른다. 계단 초입엔 작은 규모의 동굴도 볼 수 있다. 높은 각도와 쉼 없이 늘어진 계단에 숨이 차지만, 그 대가로 펼쳐지는 풍경이 값지니 닌빈에 간다면 꼭 들려보자.

Ⓐ Địa chỉ: Khê Hạ, Ninh Xuân, Hoa Lư
Ⓗ 06:00~18:00 연중무휴
Ⓟ 입장료 10만 동
Ⓖ 20.229302, 105.935295
Ⓜ Map → 8-B-4

RESTAURANT

Restaurant Trung Tuyết 레스토랑 짱 뚜엣

닌빈 시내에서 최고의 맛집으로 통하는 곳. 친절한 주인 내외와 푸짐한 인심으로 많은 사랑을 받고 있다. 고슬고슬한 밥을 버터 향이 듬뿍 나도록 맛있게 볶아준다. 어마어마한 양은 덤.

Ⓐ 14, Hoàng Hoa Thám, Thanh Bình, tp
Ⓣ 094-935-88-85 Ⓗ 08:00~21:30
Ⓟ 계란 볶음밥 7만 동
Ⓖ 20.251629, 105.978704 Ⓜ Map → 8-C-3

TIP.

깟바 섬에서 하이퐁으로 이동할 때는 배가 벤빈 선착장으로 가는지 꼭 확인할 것. 깟바 섬의 중심부에 있는 벤따우 선착장과 하이퐁 시내와 가까운 벤빈 선착장을 왕복하는 것이 가장 편리하다.

깟바 가는 방법 Ⓜ Map → 1

하노이에서 깟바로 가는 가장 쉬운 방법은 여행사를 이용하는 것. 보통 호안끼엠 주변 숙소에서 픽업하는 서비스는 이동 비용, 배 삯, 깟바 섬 내 숙소비까지 약 15달러 전후로 이용할 수 있다. 대중교통으로는 하노이 역이나 버스 터미널을 이용해 하이퐁까지 약 2~3시간 이동한다. 하이퐁 벤빈 선착장에서 깟바까지는 배로 약 40분 거리이다.

3 Cát Bà
바다 속 녹음, 깟바

탁 트인 바다와 녹음이 우거진 숲을 함께 만끽할 수 있는 곳. 하노이에서 남동쪽으로 약 130km 떨어진 깟바 섬은 깟바 군도에서 가장 큰 섬이다. 빼어난 절경의 해변, 하롱베이와 가까운 지리적 장점, 때 묻지 않은 자연으로 매해 깟바 섬을 찾는 여행자의 수가 증가하는 추세다. 섬 면적의 절반 이상이 유네스코 세계 문화유산으로 지정된 깟바 국립 공원으로 이뤄져 있다.

a. Cat Ba National Park
깟바 국립공원

깟바 섬 면적의 절반 이상을 차지하는 공원으로 유네스코에 세계문화 유산으로 등록된 곳이다. 32종의 포유류와 70여 종의 조류가 서식하는 것으로 알려져 있다. 천혜 자연환경이 잘 보존된 곳으로 18km에 달하는 트레킹 코스와 정상까지 올라갔다 내려오는 왕복 코스가 있다. 트레킹 코스는 숲 내음이 가득한 산책 코스를 지나 조금은 숨이 차오르는 언덕을 등반하는 코스로 단단히 마음의 준비를 하고 나서는 것이 좋다.

Ⓐ Đường xuyên đảo Cát Bà, tt. Cát Bà
Ⓣ 0225-3688-981 Ⓗ 08:00~17:00 연중무휴
Ⓟ 입장료 4만 동 Ⓖ 20.792349, 107.001622
Ⓜ Map → 9-B-1

b. Hospital Cave 병원 동굴

항관이라 불리는 동굴 병원은 1960년에 건설돼 베트남전쟁 당시 베트남 군인들의 은신처이자 병원으로 사용됐다. 총 3개 층, 17개의 방으로 구성돼 있다. 어두컴컴한 내부에 실제 군인들의 모습을 한 마네킹까지 전시되어 있어 조금은 스산한 느낌이 들지만, 특별한 경험이 될 것이다.

Ⓐ Trân Châu, Cát Hải
Ⓗ 08:00~17:00 연중무휴
Ⓟ 입장료 4만 동
Ⓖ 20.769880, 107.020795 Ⓜ Map → 9-B-1

c. Cannon Fort 캐논 포트

제2차 세계대전 당시 일본인들이 건설한 해발 170m 산에 조성된 대포 요새. 낮은 고도이지만 해안의 공격을 방어하는 최적의 위치로 2010년부터 일반인들에게 공개됐다. 포대와 군사문자가 보관된 역사적 장소이지만, 깟바 해안이 한눈에 내려다보여 최고의 전망을 자랑한다. 이곳에서 바라보는 일몰은 환상적이다.

Ⓐ Cát Bà, Cát Hải   Ⓣ 098-659-63-63
Ⓗ 07:00~19:00 연중무휴
Ⓟ 입장료 4만 동   Ⓖ 20.723387, 107.054483
Ⓜ Map → 9-C-1

CAFE

Like Coffee 라이크 커피

괜찮은 카페를 찾기 힘든 깟바 섬에서 커피 한 잔의 여유를 즐기고 싶다면 이곳으로 가 보자. 신선한 과일을 갈아서 즉석에서 만들어주는 셰이크를 마시기에도, 편안한 실내 분위기로 오후에 커피 한잔하기에도 좋다. 특히 에그커피는 이곳의 시그니처 메뉴다.

Ⓐ 1/4 Cang Ca Cát Cà
Ⓣ 090-247-42-74   Ⓗ 08:00~24:00 연중무휴
Ⓟ 에그 커피 4만 동   Ⓖ 20.725849, 107.046960
Ⓜ Map → 9-A-1

STAY

Cat Ba Sunrise Resort 깟바 선라이즈 리조트

깟바 섬의 휴식과 가장 잘 어울리는 리조트이다. 깟바3 해변이 리조트 앞에 펼쳐져 빼어난 전망을 자랑한다. 고풍스러운 내부 객실과 해변의 바가 가장 큰 장점. 깟바 중심부인 벤따우 선착장까지 셔틀도 운행한다.

Ⓐ cat co 3, tt. Cát Bà
Ⓣ 0225-3887-360   Ⓟ 1박 13만 원대
Ⓖ 20.715789, 107.049680   Ⓜ Map → 9-B-2

Bien Phong Hostel 비엔 퐁 호스텔

시내 중심부인 벤따우 선착장 바로 앞에 위치하여 어디든지 이동이 매우 편리하다. 내부 시설도 깔끔하고 바다 전망의 객실도 단돈 3만 원에 숙박이 가능하다. 주인이 직접 섬 곳곳을 투어시켜 주기도 한다.

Ⓐ 217Street1/4,CatBa
Ⓣ 097-648-07-63   Ⓟ 1박 3만 원대
Ⓖ 20.725175, 107.049022   Ⓜ Map → 9-B-1

RESTAURANT

Phuong Nhung Restaurant 푸옹 흉 레스토랑

깟바 주민들이 가장 많이 추천하는 레스토랑. 규모는 작지만 다양한 종류의 베트남 음식을 판매한다. 대부분의 음식이 저렴한 가격에 훌륭한 맛을 자랑한다. 쌀알이 살아 숨 쉬듯 버터 향을 가득 입혀서 잘 볶아낸 볶음밥은 강력 추천.

Ⓐ 185 1-4 Street Cat Ba, Cát Hải
Ⓣ 097-605-38-23   Ⓗ 06:30~21:30 연중무휴
Ⓟ 계란 볶음밥, 넴 9만 5,000동
Ⓖ 20.725639, 107.047428   Ⓜ Map → 9-B-1

Oasis Bar 오아시스 바

아침저녁 할 것 없이 손님으로 붐비는 곳. 영업시간도 길어 브런치를 먹기에도, 늦은 저녁과 맥주 한 잔을 곁들이기에도 그만이다. 브런치 메뉴부터 베트남 음식, 다양한 해산물 요리 등을 판매하고 있다.

Ⓐ 228,đuờng1/4, thị trấn Cát Cà
Ⓣ 091-600-93-66
Ⓗ 07:00~02:00 연중무휴
Ⓟ 9만 동
Ⓖ 20.723686, 107.050318
Ⓜ Map → 9-B-1

하이퐁 가는 방법 ⓜ Map → 1

하노이에서 기차, 버스로 두세 시간이면 도착한다. 인천공항에서 비엣젯 항공을 이용하면 4시간 30분이 소요된다.

4 Hai phong
항구의 낭만, 하이퐁

베트남 제3의 도시로 불리는 대표적인 항구 도시. 바다를 배경으로 프랑스 식민 시대에 지어진 건물이 도심 곳곳에 남아 있는 아름다운 도시다. 하이퐁과 인천을 오가는 저가 항공이 취항돼 10만 원대의 저렴한 가격으로 다녀올 수 있다. 깟바 섬, 하롱베이와 인접해 있어 함께 둘러보기에도 좋다.

TIP.
하이퐁에서 깟바 섬 들어가기

벤빈 선착장에서 깟바 섬까지 소요시간과 배의 컨디션에 따라 가격이 다르고 운영하는 회사 또한 여러 곳이다. 가격이 저렴한 보트는 경유지가 많아 도착시간이 3시간 정도 걸리는 경우도 있다.

추천 보트
- ⓗ ISLAND 80 07:00, 09:00, 13:00, 17:00 소요시간 1시간 내
- ⓟ 18만 동 (시즌별 가격 상이)
- ⓖ 20.866180, 106.678914

a. Hai Phong Catholic Church
하이퐁 성당

하이퐁의 가톨릭 교구로 1960년에 건설되었다. 벤빈 선착장에서 도보로 이동할 수 있고, 오페라하우스, 하이퐁 박물관과 함께 둘러보기 좋다.

- ⓐ 46,Đường Hoàng Văn Thụ, Quận Hồng Bàng
- ⓣ 0225-3745-387
- ⓟ 입장료 없음
- ⓖ 20.860730, 106.680947 ⓜ Map → 10-A-3

b. Nhà hát lớn Hải Phòng
하이퐁 오페라하우스

프랑스 식민 시대에 프랑스의 건축가 파 르네 가르니에가 디자인하여 건축한 오페라하우스. 정면에 크게 걸린 호찌민의 그림이 눈에 띈다. 이곳에서는 오페라뿐만 아니라, 연극, 뮤지컬 등의 공연이 열린다.

- ⓐ Nhà Hát Lớn Đinh Tiên Hoàng - Hoàng Văn
- ⓣ 0225-3745-763 ⓟ 입장료 없음
- ⓖ 20.857537, 106.681837 ⓜ Map → 10-A-3

RESTAURANT

Quan Ba Cu 꽌 바 꾸
하이퐁의 대표 맛집으로 손꼽히는 가게. 항구의 도시답게 새우로 우려낸 시원한 국물에 쫄깃한 식감의 넓은 면이 들어간 쌀국수 반다꾸아와 해산물을 넣고 바싹하게 튀긴 넴이 대표 메뉴이다.

- Ⓐ 179 Cầu Đất, Ngô Quyền
- Ⓣ 090-466-60-53 Ⓗ 07:00~22:00 연중무휴
- Ⓟ 반다꾸아 4만 동 Ⓖ 20.852689, 106.685449
- Ⓜ Map → 10-B-4

Bread More 브레드 모어
하이퐁 시내에 3곳의 지점이 있는 베트남식 레스토랑이다. 반미를 필두로 간편하고 빠른 식사가 가능하다. 반미에는 데리야끼 소스를 넣어 감칠 맛이 돈다. 쾌적한 실내 또한 큰 장점.

- Ⓐ 228,đường1/4, thị trấn Cát Cà
- Ⓣ 091-600-93-66 Ⓗ 07:00~02:00 연중무휴
- Ⓟ 9만 동 Ⓖ 20.723686, 107.050318
- Ⓜ Map → 10-A-3

d. Bảo tàng Hải Phòng
하이퐁 박물관
1919년에 지어져, 100년 된 유럽 스타일의 건축물이다. 잘 보존된 고풍스러운 건물이 인상적이다. 도자기, 문서 등을 포함한 다양한 역사 유물이 전시되어 있다. 다만 운영시간이 매우 짧으니 꼭 시간을 확인하고 방문할 것!

- Ⓐ 66Điện Biên Phủ, Minh Khai, Hồng Bàng
- Ⓗ 14:00~16:30 연중무휴
- Ⓟ 입장료 5,000동
- Ⓖ 20.861757, 106.682671
- Ⓜ Map → 10-A-3

c. Statue of General Le Chan
레쩐 동상
청동으로 만든 높이가 7.5m에 달하는 동상으로 규모 8.5의 지진에도 견딜 수 있다고 한다. 레쩐은 중국의 지배에 맞서 베트남 독립을 이뤄낸 여전사로 하이퐁의 시초인 안비앤 마을을 건설한 인물이다.

- Ⓖ 20.855992, 106.679509 Ⓜ Map → 10-A-3

STAY

Somerset Central TD Hai Phong City
소메셋 센트럴 TD 하이퐁
시내 중심부와 멀지 않아 각종 편의시설을 이용하기 편리하다. 레지던스 호텔이라 간단한 주방시설도 갖춰져 있어 가족 여행에 편리하다.

- Ⓐ Tower A, TD Plaza, Lot 20A, Đông Khê, Ngô Quyền
- Ⓣ 0225-3670-888 Ⓟ 1박 12만 원대
- Ⓖ 20.846914, 106.706563
- Ⓜ Map → 10-C-4

The Roxy Hotel & Apartment
더 록시 호텔 앤 아파트먼트
하이퐁 공항과 가깝고 가격이 저렴해 아침 일찍 혹은 밤 늦게 공항으로 가야 하는 여행자에게 좋다. 객실이 넓은 것이 장점이나 대로변 근처에 자리하고 있어 약간의 소음이 들린다.

- Ⓐ 125TNguyễn Bỉnh Khiêm, Đằng Giang
- Ⓣ 0126-878-9556 Ⓟ 1박 2만 원대
- Ⓖ 20.842318, 106.702864 Ⓜ Map → 10-C-4

PLAN YOUR TRIP : TRAVELER'S NOTE

Traveler's Note

> 베트남의 역사를 이끌어온 수도, 하노이. 이들은 수많은 변화를 겪으며 이곳만의 문화를 꽃 피웠다.
> 숫자를 통해 가볍게 도시의 이야기를 들어보자.

5 Hours

인천공항에서 하노이 노이바이 공항까지 걸리는 시간은 약 5시간. 국내외 다양한 항공사가 하노이까지 직항을 운행한다. 하노이 인근 도시인 하이퐁 노선으로도 직항이 운행 중이니 하롱베이나 깟바를 중심으로 여행할 것이라면 하이퐁으로 입·출국 일정을 잡자.

3,300km²

베트남의 면적은 33만 1,210㎢로 세계 66위이다. 10만 210㎢인 대한민국의 3배 정도 크기다. 이중 수도 하노이의 면적은 3,300㎢로 전체 베트남 땅의 약 10%의 면적에 해당한다.

40 minute

하노이 노이바이 공항에서 도심인 올드쿼터까지는 대략 40분 소요된다. 공항과 도심을 오가는 정규 노선의 버스가 있어 저렴하고 쾌적하게 이동할 수 있고, 우버나 그랩 택시 및 다양한 픽업 서비스를 활용하면 도심까지 어렵지 않게 이동할 수 있다.

7.5 Million

베트남의 인구는 약 1억만 명으로 세계 15위이다. 베트남의 수도이며 북부 최대의 도시 하노이의 인구는 2015년 기준 약 750만 명으로 매년 꾸준히 성장하고 있다.

15°C

하노이는 베트남 북부에 위치한 도시로 여름철은 매우 덥고 습하며, 한겨울에는 한국의 늦가을 정도로 기온이 낮아진다. 5월에서 9월까지는 우기로 하루 한두 차례 강한 소나기인 스콜이 쏟아진다.

15 Days

베트남의 공휴일은 15일. 공휴일이 주말인 경우, 그 다음 월요일이 대체 공휴일이 된다.
2018년 기준 공휴일

15 days

대한민국 국민은 비자 없이 최대 15일까지 베트남에 체류할 수 있다. 베트남에 최초 입국 후 30일 이내에 재입국을 해야 할 때에는 추가 비자가 필요하다. 한 달 안에 베트남에 다녀온 적이 있는 여행자라면 여행 출발 전 준비해야 한다.

2 Hours

베트남과 한국 간의 시차는 2시간. 베트남의 수도 하노이 또한 한국보다 2시간 느리게 하루를 시작한다. 항공권 출발 시각은 출발 현지 시각으로 표기되니 항공권 예약 시 혼동하지 말자.

하노이 공휴일		
1월	1일	새해 첫날
1~2월	26~1일	베트남 설 연휴
4월	6일	베트남 왕의 기념일
4월	30일	광복절/통일 기념일
5월	2일	국제 노동의 날
6월	28일	가족의 날
9월	2일	독립 기념일
10월	2일	여성의 날
12월	25일	크리스마스

Check List

> 하노이 거리를 당당하게 활보할 수 있도록 도와줄 체크사항.

Xin Chao!

"신 짜오!"는 베트남어로 "안녕하세요." 이다. 친한 사이에서는 "짜오!" 하고 가볍게 인사를 건네기도 한다. 현지인과 눈이 마주쳤을 때 먼저 "신 짜오!" 하고 인사를 건네 보는 건 어떨까?

Cash

베트남의 화폐단위는 '동(VND)'이며, 동전은 거의 없고, 대부분 지폐를 사용한다. 단위가 커서 처음에는 계산이 쉽지 않은데, 베트남 동을 20으로 나누면 대략 한화로 계산된다. 잊지 말자, 둘로 나누고 0하나 빼기!

Direction

작은 골목이 많은 하노이는 지도의 길을 보기 보다는 번지수로 목적지를 찾아가면 쉽다. 건물에 붙어있는 번호를 확인하면서 목적지를 찾아가자.

Pickpocket

안타깝게도 베트남은 절도 사건이 빈번한 곳이다. 가방은 반드시 본인의 눈앞에 두고 타인에게 함부로 지갑을 펼쳐 보이지 말자. 특히, 차도와 인접한 인도에서 휴대전화에 집중하는 일은 절대 금물!

Exchange

국내에서 베트남 화폐인 '동'으로 환전이 어려울 때, 미국 달러로 여행 경비를 준비해 가면 현지에서 쉽게 환전할 수 있다. 작은 단위의 달러보다 100달러 정도의 단위가 환율이 높다.

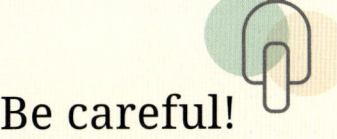

Be careful!

오토바이의 천국 베트남 여행에서 가장 조심해야 할 것 중 하나는 길을 건너는 일이다. 보행자 신호와 차량 신호가 동시에 들어오는 일이 잦은 신호체계로 더욱이 수없이 밀려드는 오토바이 무리에 당황하기 쉽다. 천천히 양쪽 차로를 확인하고 앞으로 나가면 대부분 오토바이가 알아서 피해간다. 다만 절대 후진은 하지 말 것!

Plug

베트남의 전압은 한국과 똑같은 220V이다. 콘센트 모양도 한국에서 사용하는 것과 같다. 별도의 변환 플러그는 준비하지 않아도 된다.

Usim chip

베트남의 인터넷 환경은 생각보다 좋은 편이다. 별도의 로밍이나 와이파이 기기를 준비하지 않아도 현지 유심을 쉽게 구매할 수 있고, 가격 또한 매우 저렴하다.

PLAN YOUR TRIP : SEASON CALENDER

Season Calendar

" 지역에 따라 계절에 따라 조금씩 얼굴을 달리하는 하노이의 날씨.
완벽한 여행을 위해 확인해야 할 필수요건이다. "

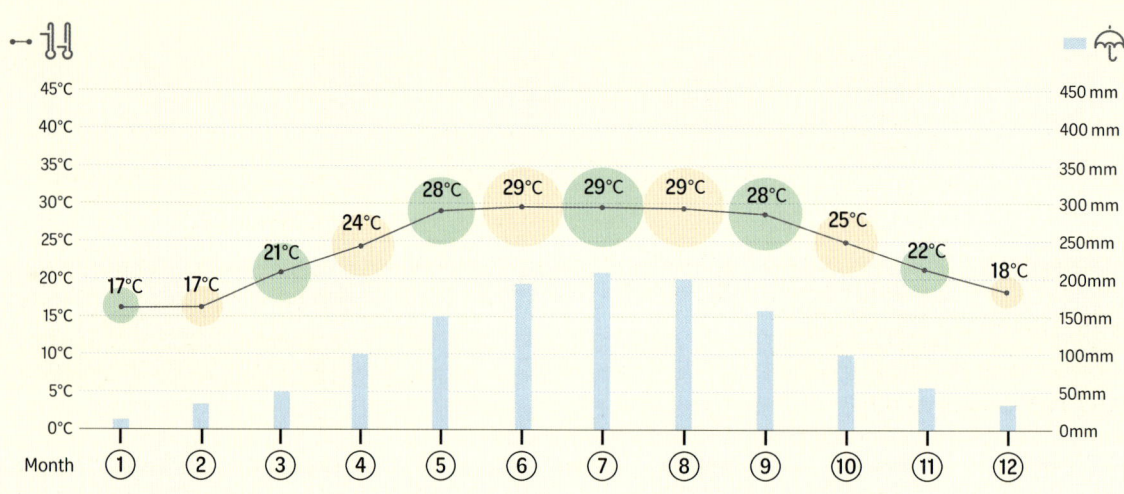

12~2

온화한 날씨
평균 기온이 15°C 전후로 선선하고 건조한 날이 대부분으로 한국의 가을 날씨와 비슷하다. 일교차도 적고 비의 양도 많지 않아 여행하기 딱 좋은 날씨가 계속된다. 그러나 북부 지역의 특성상 비가 오는 날에는 날씨가 매우 추워진다.

여행 코디: 아침저녁으로 가볍게 걸칠 바람막이를 준비해야 한다. 특히 고산지대인 사파를 방문할 예정이라면 초겨울 추위를 대비할 두툼한 옷을 준비하는 것이 좋다.

3~4

여름의 초입
조금씩 더위가 찾아오는 시기로 한국의 초여름 날씨가 시작된다. 비가 오는 날이 잦아지고 강수량 또한 점점 늘어난다.

여행 코디: 얇은 긴 소매의 옷 혹은 짧은 소매의 옷을 준비하면 된다. 짧은 소매라도 아침저녁으로 쌀쌀할 수 있으니 얇은 외투 정도는 챙기는 것이 좋다. 한 달 중 열흘 이상은 비가 오니 우산을 챙기는 것을 추천한다.

5~9

본격 여름철
습도가 상당히 높고 비가 오는 날이 잦다. 연중 강수량의 대부분에 해당하는 비가 이 시기에 내린다. 하루 한두 차례 강한 소나기인 스콜이 쏟아지고 금세 그치지만 종일 비가 내리는 날도 있다.

여행 코디: 불시에 쏟아질 소나기를 막을 우비와 가볍게 신고 말릴 수 있는 샌들. 높은 습도를 피할 시원한 옷을 준비하자.

베트남 최고의 명절, 뗏
베트남의 최대 명절인 '뗏(Tet)'은 설 연휴로, '1년을 벌어 구정에 빚을 진다'라는 말이 있을 정도로 연중 최대의 명절이다. 약 일주일간을 국가 공휴일로 지정한 이 기간에 베트남 사람들은 고향을 방문하여 가족들과 함께 시간을 보낸다. 때문에 많은 상점이 문을 닫을 수도 있다. 이 기간에 하노이 여행을 하고자 한다면, 방문할 상점의 개점 여부를 미리 확인하고 일정을 짜는 것이 좋다.

추석이자 어린이 날, 뗏 쫑 투
음력 8월 15일. 한국의 추석과 같은 명절로 '뗏 쫑 투(Tet trung Thu)'라 부르며 설날 다음으로 큰 명절이다. 근래는 '뗏티여우니(Tet thieu nhi)' 라고 부르며 어린이들의 건강을 기원하며 맛있는 음식을 먹고 선물을 주기도 한다. 월병을 먹는 풍습이 있어 현지 업체들은 다양한 디자인의 월병을 판매한다. 도심 곳곳은 등불로 장식되어 화려한 불빛으로 물든다.

PLAN YOUR TRIP : TRANSPORTATION

Transportation

하노이 공항에서 시내로 이동하기

" 시종 경적이 울리고 차와 오토바이로 복잡하게 얽혀 있는 하노이의 거리. 그 속에서 목적지로 정확히 데려다 줄 다양한 여행자의 발들을 소개한다. "

인천-하노이

1. Noi Bai International Airport
노이바이 국제공항

하노이에 가기 위해 거쳐야 하는 노이바이 국제공항은 베트남 북부 최대의 공항이다. 인천에서 비행기로 5시간 소요되며 하노이 시내에서 약 40km 정도 떨어져 있다. 택시로 40분 정도 소요된다. 하노이 역까지 운행하는 86번 시내버스를 이용하면 저렴하게 공항을 오갈 수 있다. 간단한 식사를 판매하는 레스토랑, 카페 등의 편의시설이 있고, 현지 유심 구매와 환전이 가능하다.

ⓐ Phú Minh, Sóc Sơn, Hà Nội　ⓣ 043-886-5047
ⓤ vietnamairport.vn

2. Cat Bi International Airport
깟비 국제공항

인천에서 깟비 국제공항까지 5시간 20분 소요.

하노이에서 약 2시간 떨어진 하이퐁에 위치한 작은 공항이다. 최근 비엣젯 항공이 이곳에서 인천과 부산까지 직항 운행을 시작했다. 깟바 섬이나 하롱베이까지 한 시간 정도면 도착할 수 있고, 왕복 운항 가격 또한 저렴해 최근 깟비 국제공항을 통해 하노이를 방문하는 여행자의 수가 늘고 있다. 단 공항의 규모는 매우 작다.

ⓐ Lê Hồng Phong, Hải An, Đằng Lâm Hải An Hải Phòng
ⓣ 0225-3976-408　ⓤ catbiairport.vn

직항: 비엣젯 항공, 한 에어라인

하노이 공항에서

1. 입국 심사

다른 나라로 입국하기 위해서는 입국신고서를 작성해야 하는 것이 일반적이지만, 베트남의 경우 2010년 9월 이후로 입국신고서 작성이 폐지되었다. 때문에 공항에 도착한 후 입국심사를 할 때, 티켓과 여권만 제시하면 된다. 또한 여행 기간이 15일 이내일 경우 무비자 입국이 가능하나 한국으로 가는 귀국편 티켓이나 제3국으로 가는 항공권을 지참해야 한다.

2. 환전 및 SIM 카드

하노이 공항 내에서 환전을 할 생각인 경우 한국에서 미리 달러로 환전을 마친 후, 베트남 화폐로 이중환전을 해야 한다. 환전소에서 한국 화폐를 취급하지 않기 때문이다. SIM 카드 또한 하노이 공항 내에서도 구매 가능하다. 통신사마다 비슷한 가격으로 측정되어 있으나 통화량과 데이터량 설정에 따라 가격이 다르니 자신이 선호하는 방향으로 선택하면 된다. 여행 플랫폼을 통해 미리 예약하고 가면 좀 더 빠르게 구매할 수 있다.

공항에서 시내까지

1. 86번 노선버스

하노이 역을 기점으로 하노이 시내를 거쳐 공항을 오가는 노선버스. 공항 1층에서 탑승할 수 있고 1시간 이내로 시내까지 도착한다.

운행시간: 공항 첫차 05:50, 막차 22:32
하노이 역 첫차 05:05, 막차 21:40
요금: 1인당 3만 동

2. 택시

공항에서 대기 중인 택시를 이용할 수 있지만, 요금을 과도하게 부과하는 사기가 빈번하다. 미리 요금을 확인할 수 있고 숙소까지 도착 위치를 지정할 수 있는 우버나 그랩을 이용하자. 15달러 이상.

3. 픽업 서비스

대부분 시내의 호텔들이 추가 요금을 지급하면 픽업 서비스를 제공해준다. 사전 예약하고 이용하면 안전하고 편리하다. 요금은 15~20달러 정도.

4. 미니 버스(미니밴)

베트남 국적 항공사나 공항에서 운영하는 미니 밴을 이용하여 시내로 이동할 수 있다. 공항에서

PLAN YOUR TRIP : TRANSPORTATION

Transportation

하노이 시내에서 이동하기

하노이 대중교통

하노이에서는 주요 교통수단은 오토바이. 엄청난 수의 오토바이를 도심 곳곳에서 볼 수 있다. 그 외 시내 곳곳을 오가는 노선버스, 택시, 오토바이 택시 등의 대중교통 수단이 있다.

1. 시내버스

하노이 시내 곳곳에서 버스가 활보하는 모습을 볼 수 있다. 노선도 많고 정류장도 많다. 다만 여행자들이 이용하기에 괜찮은 노선은 공항을 오가는 86번 외에는 딱히 없다.

2. 택시

베트남에는 택시 요금이 저렴하다고 알려져 있으나 비나선 택시, 택시 그룹 외에는 사기가 빈번하다. 차체에 써 있는 글씨를 보고 구분하자. 잔돈은 꼭 미리 준비하고, 지갑을 택시기사에게 보여주며 직접 돈을 가져가게 하는 행위는 절대 금물.

3. 우버와 그랩

원하는 위치로 직접 픽업을 오고, 따로 목적지를 설명하지 않아도 된다. 간편하게 앱을 통해 택시를 부를 수 있고 가격까지 미리 확인할 수 있어 가장 이용하기 편리한 교통수단이다.

4. 오토바이 택시

'쎄옴'이라고 불리는 오토바이 택시. 도로 위에서 호객을 하는 경우도 있고, 우버나 그랩 어플을 이용해 탑승할 수도 있다. 빠르게 이동이 가능하지만, 과속이나 위험하게 운전하는 경우가 많고, 1인 이상은 이용할 수 없다.

Tip.
오토바이 택시를 탈 때 무조건 헬멧을 챙겨 써야 한다. 교통 체계가 잘 잡혀 있지 않고 여행자의 경우 하노이의 오토바이 주행에 익숙하지 않기 때문에 안전에 신경 써야 한다. 또한 오토바이에 탑승할 때 차체 옆 쪽에 자리한 배기통을 주의해야 한다. 매우 뜨겁기에 화상을 입기 쉽다.

5. 씨클로

일명 인력거라 불리는 자전거 택시로, 장거리 이동은 불가능하다. 대게 올드쿼터 인근을 한 시간 정도 돌며 시내를 둘러보는 관광용으로 적합하다. 가격도 다른 이동 수단에 비하면 저렴하지 않은 편.

6. 전기차

호안끼엠과 서호 주변을 순회하는 용도로 이동 보다는 관광에 맞는 교통수단. 속도가 빠르지 않아 안전하며, 느긋하게 풍경을 구경할 수 있다.

7. 오토바이 렌트

하노이에서는 저렴한 가격에 오토바이를 렌트할 수 있다. 다만 오토바이의 상태가 별로 좋지 않다. 오토바이의 천국 하노이에서 현지인들 속에서 오토바이를 타고 누벼야 하기에 초보자에게는 추천하지 않는다.

8. 렌트카

가족 단위의 여행자들이 단체로 이동하기에는 렌트카가 적당하다. 운전기사까지 포함한 차량을 렌트할 수 있다. 4인승 승용차부터 29인승 미니버스까지 다양한 차량이 갖춰져 있으며, 4인용 차량 기준 공항에서 시내까지 픽업 25달러, 하롱베이까지는 90달러이다. 반나절이나 하루 등 기간별로 렌트가 가능하다.

ⓤ 케이비전 투어 www.kvisiontours.com

★ Main Spot
Ⓢ Shop
Ⓡ Restaurant
Ⓒ Cafe
Ⓑ Bar
Ⓓ Dessert
Ⓗ Hotel
Ⓜ Metro

MAP

—

Hanoi

1. AROUND HANOI : 하노이 근교

2. HANOI : 하노이

3. OLD QUARTER : 올드쿼터

4. FRENCH QUARTER : 프렌치쿼터

5. TAY HO : 서호

6. DONG DA : 동다

7. SAPA : 사파

8. NINH BINH : 닌빈

9. CAT BA : 깟바

10. HAI PONG : 하이퐁

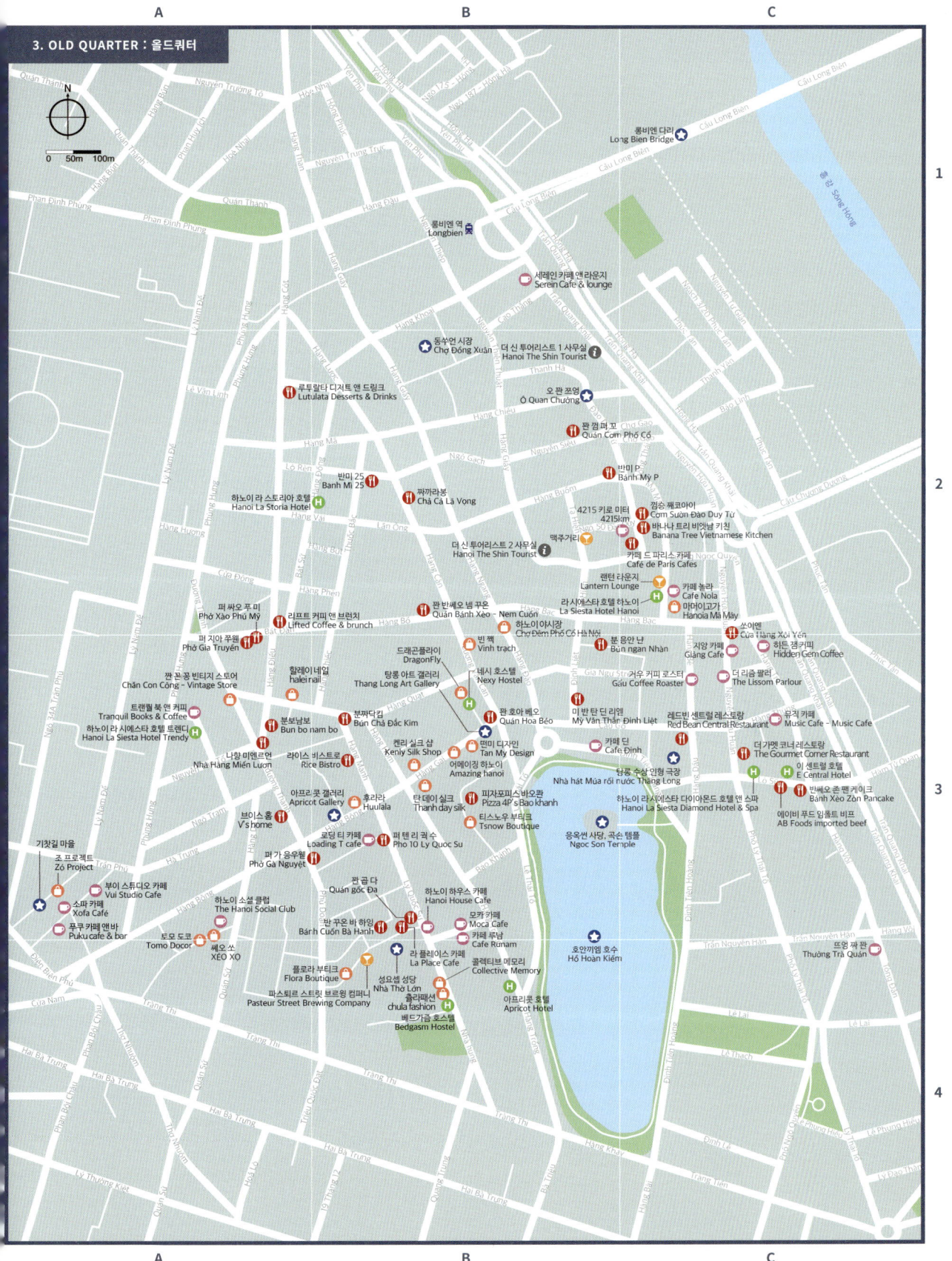

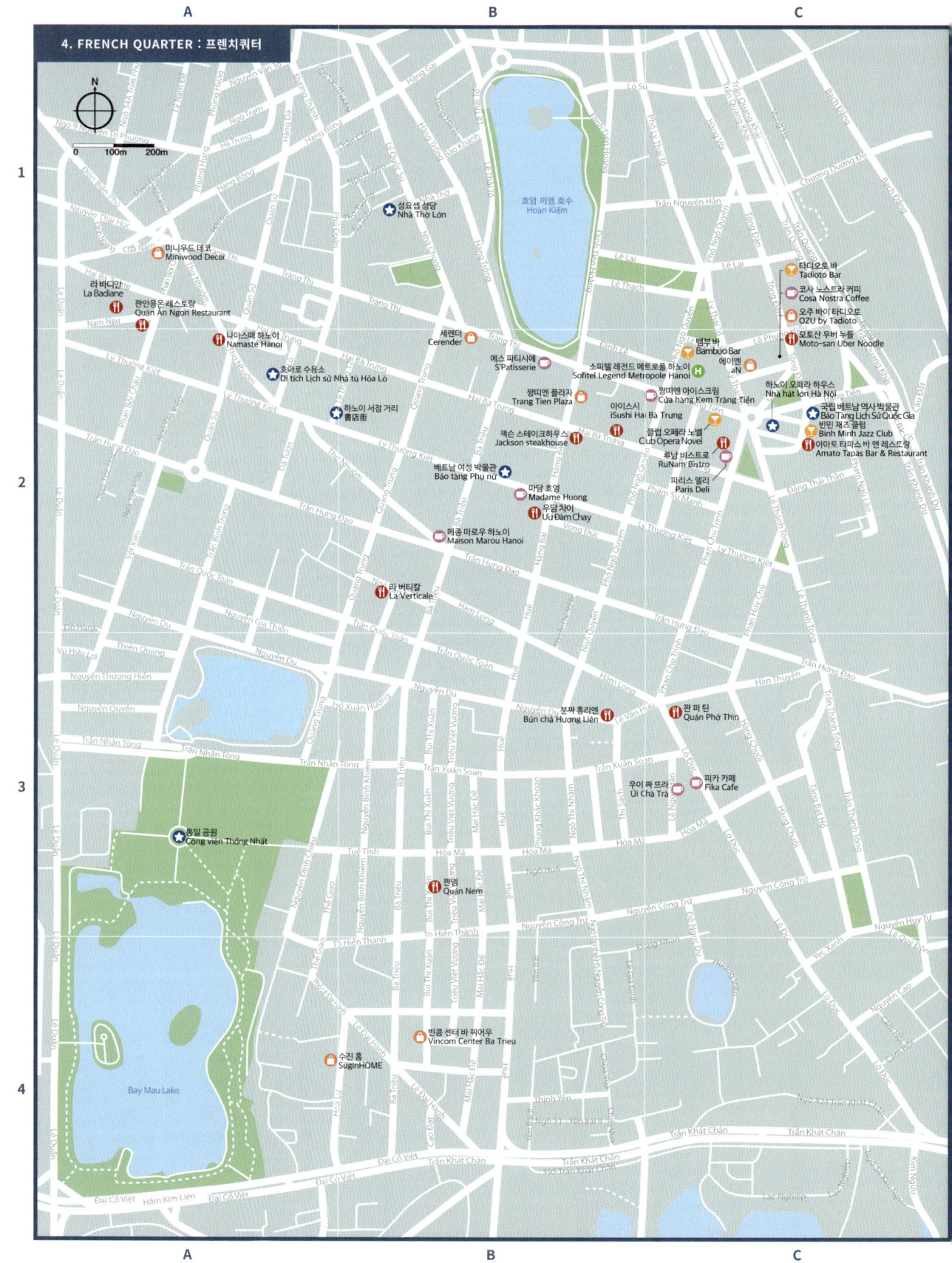

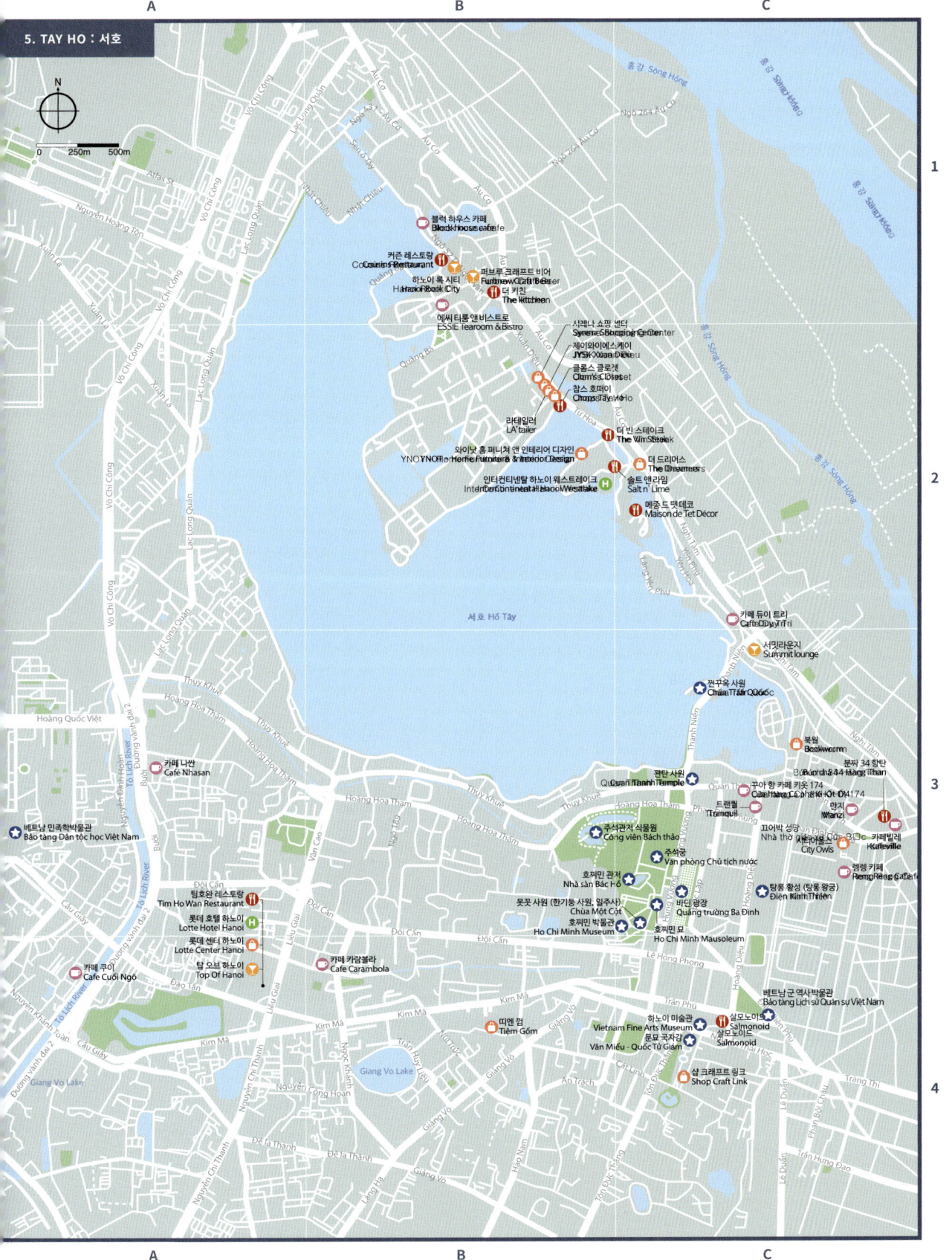

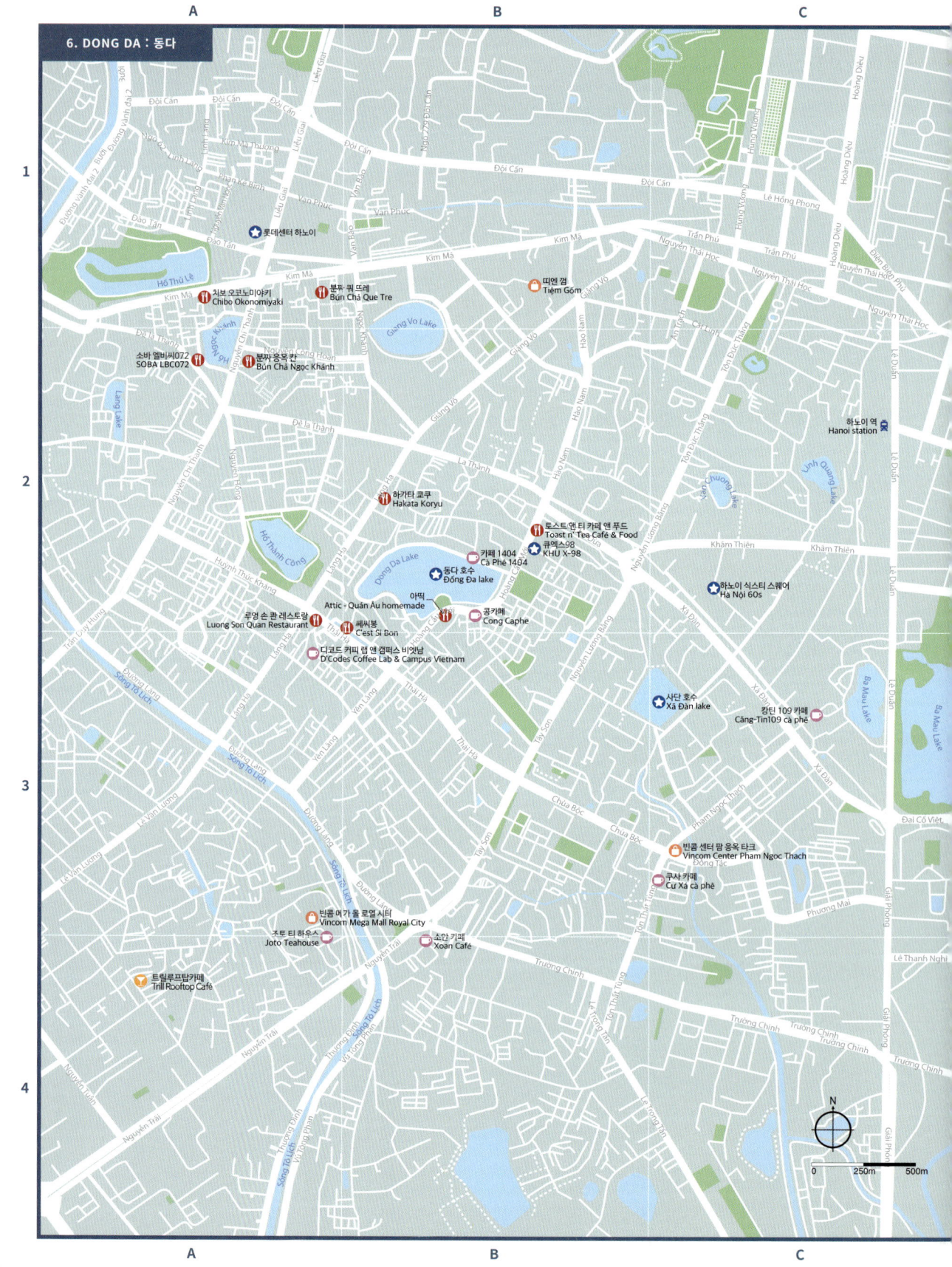

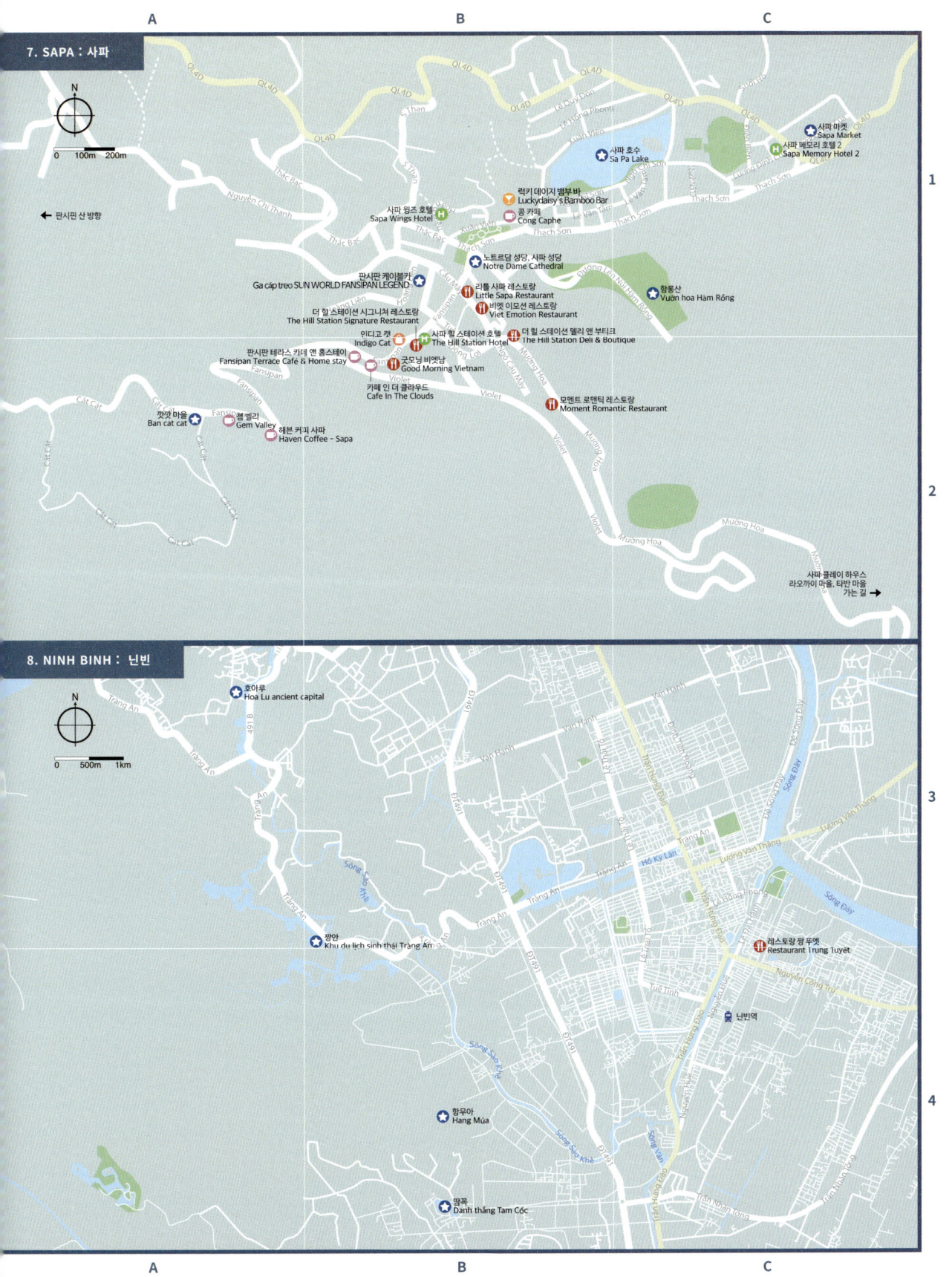

Writer
박정희 Junghee Park

Publisher
송민지 Minji Song

Managing Director
한칭수 Changsoo Han

Editors
박혜주 Hyeju Park
강제능 Jeneung Kang

Designer
김영광 Youngkwang Kim
안선주 Seonju Ahn

Illustrators
김조이 kimjoy
이설이 Sulea Lee

Marketing & PR
오대진 Daejin Oh

Publishing
도서출판 피그마리온

Brand
easy&books
easy&books는 도서출판 피그마리온의 여행 출판 브랜드입니다.

EASY & BOOKS

트래블 콘텐츠 크리에이티브 그룹 이지앤북스는 2001년 창간한 <이지 유럽>을 비롯해, <트립풀> 시리즈 등 북 콘텐츠를 메인으로 다양한 여행 콘텐츠를 선보입니다. 또한, 작가, 일러스트레이터 등과의 협업을 통해 여행 콘텐츠 시장의 선순환 구조를 만드는 데 이바지하고 있습니다.

EASY & LOUNGE

NEUL

트래블러스 콘텐츠 라운지 'NEUL늘'은 여행 콘텐츠 생산자와 소비자가 직접 만나 삶에 긍정적인 의미를 부여할 수 있는 여행 문화를 만들어 갑니다. 이지앤만의 감각으로 꾸며낸 공간에서는 세계 곳곳의 다양한 삶의 가치를 만날 수 있는 큐레이션 도서들과 함께 일상을 여행의 설렘으로 가득 채워 줄 다양한 이벤트 또한 경험할 수 있습니다. 일상여행자들을 위한 공간 'NEUL늘'은 당신의 삶에 '늘' 새로운 여행의 설렘과 영감이 가득하길 바랍니다.

Tripful

Issue No.16

ISBN 979-11-85831-86-2
ISBN 979-11-85831-30-5(세트)
ISSN 2636-1469

등록번호 제313-2011-71호 등록일자 2009년 1월 9일
초판 1쇄 발행일 2019년 12월 11일

서울시 영등포구 선유로 55길 11, 4층 TEL 02-516-3923
www.easyand.co.kr

Copyright © EASY&BOOKS
EASY&BOOKS와 저자가 이 책에 관한 모든 권리를 소유합니다.
본사의 동의 없이 이 책에 실린 글과 사진, 그림 등을 사용할 수 없습니다.

www.easyand.co.kr
www.instagram.com/easyandbooks
blog.naver.com/pygmalionpub

Tripful Local Travel Guide Books

   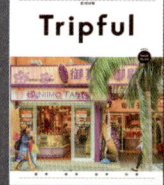  

1. FUKUOKA
2. CHIANGMAI
3. VLADIVOSTOK Out of print book
4. OKINAWA
5. KYOTO
6. PRAHA

7. LONDON
8. BERLIN
9. AMSTERDAM
10. ITOSHIMA
11. HAWAII
12. PARIS

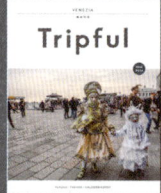   

13. VENEZIA
14. HONG KONG
15. VLADIVOSTOK
16. HANOI

EASY SERIES Since 2001 Travel Guide Book Series

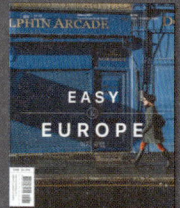  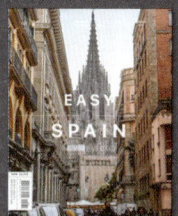  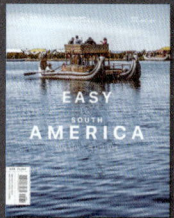 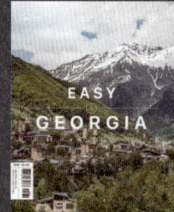

EASY EUROPE 이지유럽
EASY EUROPE SELECT5 이지동유럽5개국
EASY SPAIN 이지스페인
EASY CUBA 이지쿠바
EASY SOUTH AMERICA 이지남미
EASY GEORGIA 이지조지아

EASY EASTERN EUROPE 이지동유럽
EASY CITY BANGKOK 이지시티방콕
EASY CITY DUBAI 이지시티두바이
EASY CITY TOKYO 이지시티도쿄

EASY CITY GUAM 이지시티괌
EASY CITY TAIPEI 이지시티타이페이
EASY CITY DANANG 이지시티다낭

EASY RUSSIA 이지러시아
EASY SIBERIA 이지시베리아